KB168560

센긴스 블루오션 시작하기

젠킨스 블루오션 시작하기

선언형 파이프라인 기초부터 실습까지

니킬 파타니아 지음 이정표 옮김

i!i
에이콘

이 책을 오픈소스 커뮤니티에게 바칩니다.

지은이 소개

니킬 파타니아^{Nikhil Pathania}

현재 덴마크의 지멘스 가메사 재생 에너지^{Siemens Gamesa Renewable Energy} 사에서 데브옵스 업무를 하고 있으며, 데브옵스 분야에서 10년 이상의 경력을 쌓았다. 소프트웨어 형상 관리 분야에서 SCM 엔지니어로 경력을 시작했고, 이후에 데브옵스 및 자동화 분야에서 다양한 도구와 기술을 익혔다.

경력을 쌓는 동안 여러 IT 프로젝트에서 지속적 통합 및 인도 솔루션을 설계하고 구현했으며, 수작업을 개선하고 자동화하는 방법을 찾는 일을 즐긴다.

취미로는 독서와 글쓰기, 명상 등이 있고, 최근에는 클라이밍에 빠져 있으며, 하이킹과 사이클도 즐긴다.

트위터(@otrekpiko)로 그와 연락할 수 있다.

니테시 아가왈 Nitesh Agarwal

gitOps 원칙에 따라 표준화된 CI/CD 파이프라인을 구축하는 코드네이션과 SDE II로 일하고 있다. 과거에는 테라바이트 규모의 ETL 파이프라인을 구축하는 데 참여했다. 이미지 처리와 머신 러닝, 분산 시스템 분야에 관심이 많으며, 취미로 기타 연주를 하거나 영화나 다큐멘터리를 감상한다.

감사의 글

먼저 내가 또 다른 젠킨스 책을 쓰는 데 도움과 지원을 아끼지 않은 나의 아름다운 아내 카리시마에게 고맙다는 말을 하고 싶다. 또한 이 책을 쓸 수 있는 기회를 준 니키 카칼에게도 감사드리고, 글을 쓰는 내내 소중한 의견과 제안을 해준 니테시 아가왈에게도 큰 감사를 드린다.

이 책이 독자들에게 최고의 경험을 줄 수 있도록 노력해준 에이프레스 출판팀과 특히 디비아 모디, 매튜 무디께 특별한 고마움을 전한다.

트위터와 아마존, 굿리드와 에이프레스, 스프링어 웹사이트를 통해 소중한 의견을 보내준 독자들께도 감사드린다. 독자들의 의견을 진지하게 검토했으며, 그 의견들은 나를 이해하는 데 큰 도움이 되었다. 앞으로도 의견이 있다면 보내주길 바란다.

그리고 마지막으로, 이런 놀라운 소프트웨어를 개발한 젠킨스 블루오션팀과 젠킨스 커뮤니티에게 큰 감사를 드린다.

이정표(lee.jungpyo@gmail.com)

모바일 브라우저 개발부터 클라우드 서비스 기획까지 20년간 다양한 개발 프로젝트에 참여했으며, 현재는 SW 품질 평가 업무를 하고 있다. 오픈 라이선스를 활용한 IT 기술 및 콘텐츠 확산에 관심이 많으며, 주말에는 마라톤, 트레일 러닝, 오리엔티어링을 즐긴다.

옮긴 책으로는 『워드프레스 플러그인과 테마 만들기』(에이콘, 2012), 『Hudson3 설치와 운용』(에이콘, 2014), 『젠킨스 마스터』(에이콘, 2018), 『린 모바일 앱 개발』(에이콘, 2019)이 있고, 『크리에이티브 커먼즈 권리표현언어(ccREL)』(2009)와 『참여와 소통의 정부 2.0』(아이앤유, 2011), 『난독화, 디지털 프라이버시 생존 전략』(에이콘, 2017), 『오픈 비즈니스 전략』(오픈아이디어랩, 2019)의 공역자로 참여했다.

옮긴이의 말

데브옵스로 불리는 개발 환경 자동화는 기업 규모와 관계없이 소프트웨어 개발을 하는 모든 분야에서 표준적인 환경이 되고 있다. 즉, 이전에는 데브옵스의 채택 여부가 기업의 경쟁력이었다면 이제는 데브옵스를 얼마나 효율적으로, 비즈니스 역량과 통합해 대응할 수 있는가로 경쟁력이 옮겨가는 추세다.

데브옵스 분야의 대표적인 자동화 솔루션인 젠킨스가 이러한 변화에 대응하고자 내놓은 대안이 바로 블루오션이다. 블루오션을 활용해 빌드 파이프라인을 구성한다면 이전에는 몇 주 이상 걸리던 학습 기간을 며칠로 단축할 수 있다. 젠킨스 블루오션의 직관적인 인터페이스와 강력한 파이프라인 편집기를 활용해 지속적 인도 파이프라인을 만들고 운영하다 보면 어느새 경쟁력이 높아진 자신을 발견할 수 있을 것이다.

이 책을 번역을 하면서 아쉬웠던 점은 젠킨스가 완벽하게 한글화가 되어 있지 않아, 영문 그대로 쓰는 경우가 많다는 사실이다. 아마 이는 개발사의 규모와 상관없이 젠킨스를 운영 관리하는 사람이 소수라 굳이 한글화의 필요성을 느끼지 못하는 이유도 있을 테고, 릴리스가 매우 빈번하고, 새로 등장하는 용어도 많은 제품의 특성상 한글화를 할 겨를이 없기 때문이기도 할 것이다. 이런 이유로 이 책에서는 영문 버전 젠킨스를 기본으로 하고, 필요시 우리말로 부연설명을 하는 방식으로 독자에게 편의를 제공하고자 했다.

또한 블루오션에서 사용하는 파이프라인 코드 기술 방식인 'declarative pipeline'은 '선언형 파이프라인'으로, 기존에 사용하던 기술 방식인 'scripted pipeline'은 '스크립트형 파이프라인'으로 번역했다. 이는 프로그래밍 언어에서 사용하는 'imperative language'와 'declarative language'를 우리말로 통상 '명령형 언어'와 '선언형 언어'로 사용하는 것에 맞춘 것으로 독자의 이해를 부탁드린다.

번역서를 한 권 내다 보면 얼마나 많은 분들의 노력이 들어가는지 새삼 알게 된다. 특히, 늘 전폭적인 지원을 해주는 가족들에게 고맙다는 말을 하고 싶다. 그리고 출간이 될 때까지 노력해주신 에이콘출판사 관계자 여러분께도 감사의 말을 전한다.

이정표

차 례

지은이 소개 6

기술 감수자 소개 7

감사의 글 8

옮긴이 소개 9

옮긴이의 말 10

들어가며 18

1장   개요   21

젠킨스 블루오션이란? 22

　　요청에 따른 개선의 산물 22

　　모두를 위한 지속적 인도(CD) 도구 23

　　젠킨스 플러그인 24

블루오션이 제공하는 기능 25

　　파이프라인 생성 마법사 25

　　비주얼 파이프라인 에디터 28

　　젠킨스 파일 29

　　파이프라인 시각화 30

　　변경사항과 테스트, 산출물 메뉴 보기 32

　　파이프라인 액티비티/브랜치 34

　　블루오션 대시보드 35

고려할 점 35

　　블루오션에서 기존 젠킨스 프로젝트 실행하기 36

　　프리스타일이나 다중 구성 프로젝트는 블루오션에서 동작하는가? 36

　　선언형 파이프라인 구문 37

복잡한 파이프라인을 쉽게 이해하기 39

여전히 표준 젠킨스 인터페이스를 사용할 일이 있을까? 41

지금 바꾸는 게 잘하는 것일까? 41

누가 블루오션을 사용해야 할까? 43

앞으로의 전망은 어떨까? 43

요약 45

2장   젠킨스 블루오션 설정   **47**

도커를 이용한 블루오션 설정 48

젠킨스 블루오션 도커 이미지 다운로드 48

젠킨스 블루오션 컨테이너 생성 51

젠킨스 설정 마법사로 실행하기 55

기존 젠킨스 서버에 블루오션 설정하기 64

고려할 점 68

아파치에서 젠킨스 블루오션을 실행하는 경우 69

엔진엑스에서 젠킨스 블루오션을 실행하는 경우 70

아파치 톰캣에서 젠킨스 블루오션을 운영하는 경우 75

요약 75

3장   첫 파이프라인 만들기   **77**

사전 준비사항 78

젠킨스 에이전트용 도커 이미지 가져오기 79

젠킨스에서 도커 이미지용 자격 증명 생성하기 79

도커 플러그인 설치 81

도커 플러그인 구성 82

파이프라인 생성 마법사 사용하기 87

블루오션 파이프라인과 깃 저장소 연결 88

블루오션 파이프라인과 깃허브 저장소 연결 91

블루오션 파이프라인과 비트버킷 저장소 연결 95

블루오션 파이프라인과 깃랩 저장소 연결 98

젠킨스에서 저장소 연결용으로 저장한 자격 증명 보기 102

비주얼 파이프라인 에디터 사용하기 102

글로벌 에이전트 할당 103

Build & Test 스테이지 생성 104

스텝 추가 105

셸 스크립트 스텝 추가 106

Stash 스텝을 추가해 스테이지 간 산출물 전달하기 108

Build & Test 스테이지용 에이전트 지정 110

Report & Publish 스테이지 생성 111

Un-Stash 스텝 추가 113

테스트 결과 리포트 115

블루오션에 산출물 업로드 118

Report & Publish 스테이지용 에이전트 지정 120

파이프라인 시각화 사용 122

파이프라인 실행 취소 123

파이프라인 재실행 123

파이프라인 흐름도 사용 124

스텝별, 스테이지별, 파이프라인별 로그 추적 125

테스트 뷰 사용 126

Artifacts 화면 사용 128

블루오션에서 기존 파이프라인 편집 129

아티팩토리 서버 실행 130

젠킨스에 아티팩토리 플러그인 설치 131

젠킨스에서 아티팩토리 플러그인 구성 132

젠킨스 블루오션 파이프라인 편집 133

프로젝트의 멀티브랜치용 파이프라인 보기 140

풀 리퀘스트용 파이프라인 실행 142

요약 146

4장   선언형 파이프라인 구문   149

코드 방식의 파이프라인 소개 150

스크립트형 파이프라인 150

선언형 파이프라인 152

젠킨스 파일 154

선언형 파이프라인 구문 154

섹션 154

지시어 162

순차 스테이지 184

병렬 스테이지 187

스텝 190

요약 192

| 5장 | 선언형 파이프라인 개발 도구 | 193 |

아톰 에디터의 자동 완성 및 구문 강조 기능 194
    자동 완성 및 구문 강조용 패키지 설치 194
    config.cson 파일 수정 195
    자동 완성 및 구문 강조 사용 195

비주얼 스튜디오 코드의 구문 강조 및 젠킨스 파일 유효성 검증 196
    구문 강조 확장 프로그램 설치 196
    젠킨스 파일 유효성 검증용 확장 프로그램 설치 197
    settings.json 파일 수정 198
    구문 강조 및 젠킨스 파일 유효성 검증 사용 199

이클립스 IDE의 자동 완성, 구문 강조, 젠킨스 파일 유효성 검증 200
    자동 완성, 구문 강조, 젠킨스 파일 유효성 검증용 플러그인 설치 200
    Jenkins Editor 플러그인 설정 변경 201
    자동 완성, 구문 강조, 젠킨스 파일 유효성 검증 실행 202

젠킨스의 선언형 지시어 생성기 204
젠킨스의 스니핏 생성기 206
요약 209

| 6장 | 공유 라이브러리 작업 | 211 |

공유 라이브러리를 사용하는 이유 212
    공유 라이브러리의 동작 방식 213
    공유 라이브러리의 디렉토리 구조 213

공유 라이브러리 검색 215
    젠킨스에서 사전 구성된 설정을 사용해 공유 라이브러리 검색 215

파이프라인 실행 중에 직접 공유 라이브러리 검색 218

파이프라인에서 공유 라이브러리 사용하기 219

공유 라이브러리 생성 221

공유 라이브러리에서 전역 변수 사용 221

공유 라이브러리에서 커스텀 스텝 사용하기 222

요약 230

부록   **231**

도커 호스트 설정 231

사전 준비사항 231

저장소 설정 232

도커 설치 233

도커 원격 API 활성화(중요) 234

docker.conf 파일 수정 234

docker.service 파일 수정 236

젠킨스의 프록시 호환성 활성화 237

찾아보기 239

들어가며

젠킨스는 지속적 인도 방식에 있어 사실상 표준이 되는 소프트웨어로서, 대부분의 개발자가 선택을 고려할 때 첫손가락으로 꼽는 도구다. 경쟁 제품과 비교할 때 가장 크게 언급되는 점은 두 가지인데, 오픈소스라는 것과 광범위한 플러그인 활용이 가능하다는 것이다. 게다가 이제는 플러그인을 통해 젠킨스에서도 '코드형 파이프라인' 기능이 가능해져서 어느 정도 복잡한 지속적 인도 파이프라인도 만들 수 있게 됐다.

그러나 기능이 확장되는 만큼 점점 학습할 것이 많아졌으며, 그 결과 젠킨스는 기능은 광범위하지만 완전히 익히기는 어려운 도구라는 평판을 얻게 됐다.

이러한 학습의 어려움을 해결하고자 젠킨스는 블루오션이라는 기능을 도입했다. 젠킨스 블루오션의 직관적인 인터페이스와 강력한 파이프라인 편집기를 이용해 지속적 인도 파이프라인을 만드는 과정을 쉽고 재미있게 즐길 수 있도록 했다. 그 결과 블루오션은 지속적 인도 방식을 도입하려는 개발자들이라면 누구나 관심을 갖는 도구로 확산되는 추세다.

이 책을 통해 독자가 젠킨스 블루오션의 모든 기능을 학습할 수 있기를 바란다.

예제 코드 다운로드

이 책에서 사용된 예제 코드는 https://github.com/Apress/beginning-jenkins-blue-ocean에서 다운로드할 수 있다. 또한 에이콘출판사의 도서정보 페이지인 http://www.acornpub.co.kr/book/jenkins-blue-ocean에서도 예제 코드를 다운로드할 수 있다.

오탈자

내용을 정확하게 전달하려고 최선을 다했지만, 실수가 있을 수 있다. 책에서 텍스트나 코드상의 문제를 발견해서 알려준다면, 매우 감사하게 생각할 것이다. 그러한 참여를 통해 다른 독자에게 도움을 주고, 다음 버전에서 책을 더 완성도 있게 만들 수 있다. 오자를 발견한다면 http://www.acornpub.co.kr/contact/errata에서 구체적인 내용을 알려주기 바란다. 보내준 내용이 확인되면 해당 서적의 정오표에 그 내용이 추가될 것이다. 정오표는 에이콘출판사의 도서정보 페이지 http://www.acornpub.co.kr/book/jenkins-blue-ocean에서 찾아볼 수 있다.

질문

이 책에 관한 질문은 옮긴이나 에이콘출판사 편집 팀(editor@acornpub.co.kr)으로 문의할 수 있다.

1장

개요

젠킨스 블루오션에 대해 상세히 알아보기에 앞서 전체적으로 이해하는 기회를 가져보자. 이는 블루오션은 단순히 기존의 젠킨스 인터페이스를 개선한 것이 아니라, 오히려 파이프라인을 구성하고, 편집하고, 시각화하는 방식을 바꾸는 도구라고 볼 수 있기 때문이다.

1장에서 다루는 내용은 다음과 같다.

- 젠킨스 블루오션 소개
- 젠킨스 블루오션이 제공하는 기능
- 고려할 점

기능 소개에 이어, 정확한 기대치를 정하는 일도 중요할 것이다. 그래서 1장 후반부에서는 젠킨스 블루오션으로 변경하기 전에 중요하게 고려할 점에 대해서도 다뤘다.

1장을 다 읽을 때쯤이면 젠킨스 블루오션의 기능을 전체적으로 이해할 수 있을 것이다. 1장에서는 개요만을 다룬다는 점을 기억하자. 기능에 대한 구체적인 설명은 2장에서부터 다룰 예정이다.

젠킨스 블루오션이란?

젠킨스 블루오션^{Jenkins Blue Ocean} 또는 **블루오션**은 기존 젠킨스^{Classic Jenkins}[1]의 겉모양만을 꾸민 버전이 아니다. 이번 절에서는 왜 젠킨스 블루오션이 개발됐는지에 대해 알아보자.

요청에 따른 개선의 산물

소프트웨어 개발 프로세스 발전의 필요성에 따라 **지속적 통합**^{CI, Continuous Integration}이나 **지속적 인도**^{CD, Continuous Delivery} 같은 지속적 방법론들이 도입됐다.

이러한 지속적 방법론들이 도입되면서 수많은 데브옵스^{DevOps} 도구들이 개발됐고, 요즘 시기의 개발자들은 적어도 2~5개 정도의 개발 도구를 사용하는 게 현실이다.

개발 도구의 사용자가 증가하면서 사용자 경험과 편리성을 높여달라는 요청이 많아졌고, 가장 많이 사용되는 지속적 인도^{CD} 도구인 젠킨스도 예외가 아니었다.

젠킨스는 확장성이 뛰어나고 강력한 기능을 제공하는 데 비해 사용성은 좋지 않다는 비판을 받았다. 젠킨스의 사용성을 개선하려는 노력은 버전 2.0 이후에 도입된 설정 마법사 기능이나 탭을 이용한 작업 구성 개선 작업도 있었고, 최근에는 로그인 페이지도 개선을 하는 등 다양했다. 그러나 이런 몇 가지 개선으로 좋지 않은 사용성에 대한 사용자들의 아쉬움을 달래주지는 못했다.

바로 이러한 이유 때문에 블루오션이 등장하게 됐다. 즉, 블루오션은 사용자 경험의 문제를 해결하기 위한 다각적인 노력의 산물이다.

물론 다른 CI/CD 도구들, 예를 들어 Circle CI나 GitLab CI 같은 도구들이 이미 파이프라인 시각화를 지원하는 것도 블루오션이 등장한 이유가 되었겠지만, 젠킨스 블루오션의 경우 파이프라인의 생성과 시각화를 동시에 지원하는 기능인 **비주얼 파이프라인 에디터**^{Visual Pipeline Editor} 덕분에 여타 경쟁 도구보다 더 뛰어나다고 할 수 있다. 이에 대해서는 이후의 절과 장에서 더 많이 설명할 예정이다.

---

1   표준 버전의 젠킨스

모두를 위한 지속적 인도(CD) 도구

젠킨스 블루오션은 '지속적 인도는 더 이상 전문가만의 영역이 아니다'라고 말한다. 블루오션이 여타 도구보다 뛰어날 뿐만 아니라, 모두를 위한 도구라고 말할 수 있는 핵심 요인을 살펴보자.

- 젠킨스 블루오션에는 비주얼 파이프라인 에디터가 포함되어 있다. 이를 이용하면 파이프라인 대시보드에서 사용자 인터페이스를 통해 시각적으로 파이프라인을 생성하고 편집할 수 있다. 게다가 비주얼 파이프라인 에디터는 선언형 구문으로 작성된 파이프라인을 코드로 젠킨스 파일^{Jenkinsfile}에 저장하고, 이 파일을 바로 소스 코드 저장소^{repository}에 보낼 수도 있다.

- 파이프라인 시각화를 통해 파이프라인의 문제를 빠르고 쉽게 진단할 수 있다. 블루오션에서는 파이프라인이 실패하는 경우 정확히 어느 스텝에서 실패했는지를 알려준다. 또한 파이프라인 로그가 각 스텝과 스테이지별로 표시되어, 1개의 대용량 로그 파일에서 이리저리 스크롤을 하면서 문제 발생 지점을 찾는 수고를 할 필요가 없다.

- 또한 블루오션에서는 파이프라인이 실행될 때마다 별도의 페이지를 생성해 테스트 결과와 빌드 산출물을 보여준다.

- 젠킨스 블루오션에서의 파이프라인 생성 과정은 마법에 가깝다. 파이프라인을 생성하고 편집할 수 있는 사용자 인터페이스 도구가 제공된다. 무엇보다도 대화식의 시각화 기능이 있어 파이프라인의 구성을 쉽게 이해할 수 있다.

- 젠킨스 블루오션으로 좀 더 복잡한 파이프라인을 생성할 때는 **스크립트** ^{script}와 **젠킨스 공유 라이브러리**^{Jenkins Shared Labraries}를 활용할 수 있다.

이러한 기능들 때문에 젠킨스 블루오션은 초급에서 고급자까지 누구나 기술 수준에 상관없이 사용할 수 있는 지속적 인도 도구라 할 수 있다. 또한 다음과 같은 조건을 미리 점검해둔다면 블루오션에서의 파이프라인 생성 기능을 더 잘 활용할 수 있다.

- 소스 코드를 깃^{Git}이나 깃허브^{GitHub}, 깃랩^{GitLab} 또는 비트버킷^{BitBucket}에 둔다.
- 빌드/테스트용 에이전트 머신의 설정을 완료하고 젠킨스 마스터^{Jenkins Master}에 연결한다. 만약 도커상에 배포하는 경우 필요한 **도커 이미지**^{Docker image}**2**와 **도커 파일** ^{Dockerfile}**3**을 준비한다.
- 지속적 인도 파이프라인이 단순하고 기존 레거시^{legacy}**4** 기술과의 의존성이 없다.
- 젠킨스 관리자가 CD 파이프라인에 필요한 플러그인과 데브옵스^{DevOps} 도구를 미리 설정했다.

젠킨스 플러그인

블루오션은 독립적으로 실행되는 프로그램이 아니라, 젠킨스용 플러그인이다. 그러므로 다음과 같은 두 가지 방법으로 설치할 수 있다.

- 기존에 설치된 젠킨스에서 플러그인으로 설치
- 도커에서 젠킨스의 일부로 설치

두 가지 설치 방법에 대해서는 다음 장에서 자세히 다룬다.

젠킨스 블루오션 설치는 젠킨스의 기존 사용자든 신규 사용자든 쉽게 사용할 수 있다. 블루오션 플러그인은 젠킨스 2.7.x 이상의 버전에서 동작한다. 하지만 만약 아파치 ^{Apache}나 엔진엑스^{Nginx} 같은 리버스 프록시 서버에서 젠킨스를 실행한다면 블루오션 사용 전에 고려할 중요한 사항이 있다.

---

2   파일 시스템과 파라미터들을 조합한 파일
3   도커 이미지의 정의 및 빌드에 사용되는 텍스트 파일
4   교체가 필요하지만 사용자가 많아 업그레이드가 힘든 소프트웨어나 하드웨어

블루오션이 제공하는 기능

기존 젠킨스는 사용자 친화적이지 않은 것으로 유명하다. 이와 다르게 젠킨스 블루오션은 사용성을 최우선 목표로 설계됐다. 그렇다면 젠킨스 블루오션이 제공하는 기능에는 무엇이 있는지 알아보자.

파이프라인 생성 마법사

블루오션을 통해 파이프라인을 생성하면 여러모로 편리하다. 블루오션 개발자들 덕분에 파이프라인 생성 과정이 단순해졌다.

사실 **파이프라인 생성 마법사**^{Pipeline Creation Wizard} 라는 공식 용어가 있는 것은 아니다. 이 용어는 젠킨스 블루오션에서, 특히 파이프라인 생성 과정의 개선 부분에 대해 내가 붙인 이름이다.

젠킨스 블루오션의 대시보드에는 New Pipeline이라는 이름의 옵션이 있다. 그림 1-1을 보자.

▲ 그림 1-1 파이프라인 생성 마법사를 시작하는 링크

New Pipeline을 클릭하면 파이프라인 생성 마법사가 시작된다. 백엔드에서는 젠킨스가 멀티브랜치 파이프라인을 생성한다. 처음에는 마법사가 '어떤 소스 코드 저장소를 사용할지를 선택하라'라는 메시지를 표시한다(그림 1-2 참조).

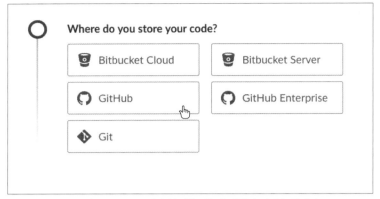

▲ 그림 1-2 블루오션과 연결한 깃(Git) 방식의 저장소 관리자

사용자가 선택을 하면 인증 요청이 나타난다(그림 1-3 참조). 백엔드에서는 Jenkins Credentials에 GitHub Access Token 유형의 자격 증명^{credential}이 생성된다.

▲ 그림 1-3 액세스 토큰을 사용해 깃허브(GitHub)에 연결 중이다.

인증이 완료되면 마법사가 몇 가지 질문을 한다. 그림 1-4와 그림 1-5를 보자. 이 질문들은 첫 번째 단계에서 선택한 소스 코드 저장소 유형에 따라 달라진다. 백엔드에서는 젠킨스가 파이프라인의 Source 섹션을 구성한다.

▲ 그림 1-4 깃허브에서 소속 조직을 선택한다.

그림 1-5처럼 Create Pipeline을 클릭하면, 블루오션은 소스 코드 저장소에서 젠킨스 파일을 검색한다. 젠킨스 파일에 대해서는 다음 절에서 자세히 배울 예정이다.

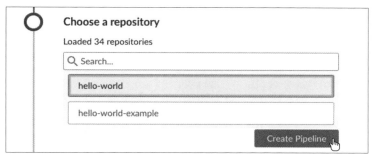

▲ 그림 1-5 소스 코드 저장소를 선택한다.

젠킨스 파일을 찾으면, 마법사는 젠킨스 블루오션에서 파이프라인을 생성하고 초기화한다. 그러나 젠킨스 파일을 찾지 못하면, 파이프라인 에디터를 실행한다(그림 1-6 참조). 파이프라인 에디터에 대해서는 다음 절에서 자세히 다룬다.

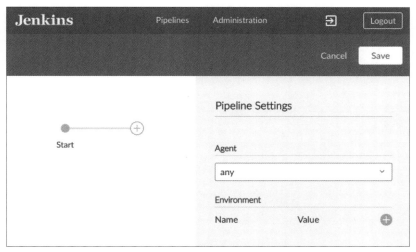

▲ 그림 1-6 비주얼 파이프라인 에디터

젠킨스 블루오션에서 파이프라인을 생성하려면 지금까지 설명한 대로 파이프라인 생성 마법사를 따라야 한다. 이는 여러 면에서 제한적이라 생각할 수도 있지만, 반대로 기존 젠킨스처럼 한 페이지에 모든 파이프라인 구성 옵션을 늘어놓아 사용자를 당황시키지는 않는다는 장점도 있다.

이렇게 젠킨스 블루오션의 새로운 파이프라인 생성 방식은 빠르고, 쉬우며, 직관적이다. 이제는 비주얼 파이프라인 에디터를 살펴보자.

비주얼 파이프라인 에디터

비주얼 파이프라인 에디터는 젠킨스 블루오션에서 가장 유용한 기능이다. 이 기능을 이용하면 사용자 인터페이스를 통해 파이프라인을 생성할 수 있다.

파이프라인 에디터를 이용하는 동안, 화면 오른쪽에는 파이프라인을 구성하는 옵션(❷)이 표시되고, 왼쪽에는 파이프라인의 시각적 흐름(❶)이 표시된다(그림 1-7 참조).

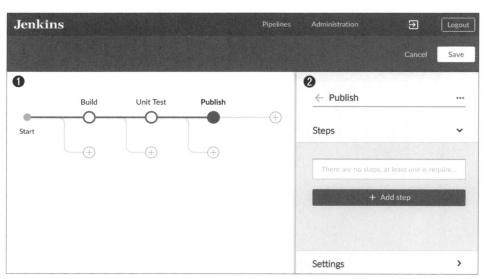

▲ 그림 1-7 비주얼 파이프라인 에디터로 작업하기

작업을 저장하면 파이프라인 에디터가 이를 젠킨스 파일로 변환한다. 젠킨스 파일에 대해서는 다음 절에서 간략히 소개할 예정이다.

파이프라인 에디터에서의 모든 작업은 선언형 파이프라인 구문을 이용해 수행할 수 있다. 선언형 파이프라인 구문은 이 책의 후반부에서 자세히 설명할 예정이다.

젠킨스 플러그인을 설치하면, 이를 파이프라인 에디터의 스텝으로 사용할 수 있다. 단, 블루오션과 호환되는 플러그인만 사용이 가능하다. 시간이 지남에 따라 젠킨스 블루오션과 호환이 되는 플러그인들이 점점 더 늘고 있다.

파이프라인 에디터로 파이프라인을 생성하는 방법은 3장에서 배울 예정이다.

젠킨스 파일

젠킨스 파일^{Jenkinsfile}은 파이프라인 코드가 담긴 텍스트 파일이다. 젠킨스 파일은 소스 코드와 마찬가지로 소스 코드 저장소에 같이 저장된다. 블루오션에서 파이프라인을 생성하면 파이프라인의 설계가 코드 형태로 자동 저장되는데, 이렇게 저장된 코드가 바로 젠킨스 파일이다.

젠킨스 파일의 버전을 관리하면 다음과 같은 여러 이점들이 있다.

- 소스 코드 저장소의 브랜치마다 각기 다른 파이프라인을 둘 수 있다.
- 파이프라인을 검토할 수 있다.
- 다중 프로젝트의 멤버가 파이프라인을 보고, 편집할 수 있다.

▼ 선언형 파이프라인 구문을 사용한 젠킨스 파일 샘플

```
pipeline {
  agent any
  stages {
    stage('Build') {
      steps {
```

```
        sh 'mvn clean compile'
      }
    }
    stage('Unit Test') {
      steps {
        sh 'mvn test'
        junit '**/target/surefire-reports/TEST-*.xml'
      }
    }
    stage('Publish') {
      steps {
        sh 'mvn package'
        archive 'target/*.jar'
      }
    }
  }
}
```

파이프라인 시각화

파이프라인 시각화는 젠킨스 블루오션에 포함된 멋진 기능 중 하나다. 그림 1-8은 파이프라인 흐름도를 보여준다. 그림 안에 선으로 이어진 원은 하나의 스테이지stage를 의미한다. ✔ 표시가 있는 녹색 원은 성공한 스테이지를 의미한다.

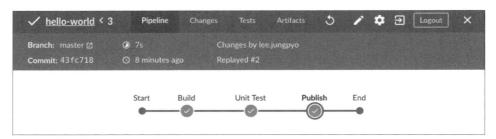

▲ 그림 1-8 파이프라인 시각화

각 스테이지의 모든 스텝step은 파이프라인 흐름도 아래에 표시된다. 그림 1-9를 보자. 스텝을 확장하면 로그를 볼 수 있다. 완성된 파이프라인 로그는 **Artifacts** 메뉴에서도 볼 수 있다.

▲ **그림 1-9** 파이프라인 스테이지 안의 스텝별 개별 로그

그림 1-10은 진행 중인 파이프라인을 보여준다. 파이프라인의 어떤 스테이지가 진행 중이고, 어떤 스테이지가 대기 중인지를 빨리 식별할 수 있다.

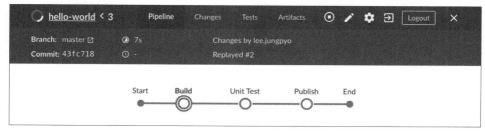

▲ **그림 1-10** 진행 중인 파이프라인 스테이지

그림 1-11은 실패한 파이프라인을 보여준다. 실패한 스테이지와 성공한 스테이지는 쉽게 구별할 수 있다. 그림에는 나타나지 않지만 파이프라인 안에서 실패한 스텝을 정확히 식별할 수 있다.

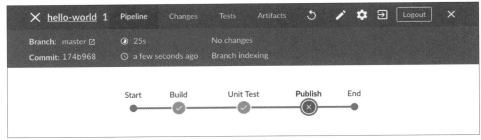

▲ 그림 1-11 파이프라인 안의 실패한 스테이지

지금까지 살펴본 것은 매우 단순한 파이프라인 흐름도다. 그러나 블루오션은 중첩된 병렬/순차 스테이지가 포함된 복잡한 파이프라인 흐름도 시각화할 수 있다. 이에 대해서는 이후의 장들에서 살펴볼 예정이다.

변경사항과 테스트, 산출물 메뉴 보기

그림 1-12를 보자. Changes^{변경사항} 섹션에서는 파이프라인을 실행한 커밋에 대한 정보를 보여준다. 커밋을 누르면 깃허브 온라인 저장소로 이동한다. 또한 파이프라인 실행 상태도 깃허브로 발행된다.

▲ 그림 1-12 파이프라인 실행 화면의 Changes 탭

Tests^{테스트} 섹션에서는 테스트 결과에 대한 정보를 보여준다(그림 1-13 참조). 테스트 결과를 읽고 표시하려면 필요한 젠킨스 플러그인을 추가로 설치하고 구성해야 한다.

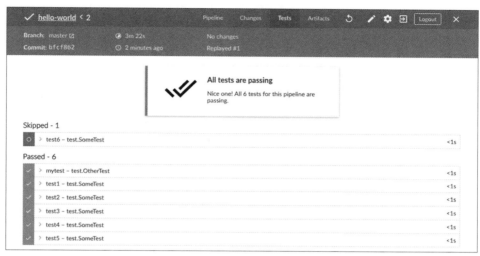

▲ 그림 1-13 파이프라인 실행 화면의 Tests 탭

마지막으로 Artifacts^{산출물} 섹션에서는 업로드하기로 선택한 산출물과 파이프라인의 전체 로그를 볼 수 있다. 여기에 표시된 산출물은 젠킨스 서버에 저장된다. 빌드 산출물을 젠킨스 서버에 업로드하는 것은 좋지 않으며, 특히 크기가 클 경우에는 더욱 문제가 된다. 가능하면 산출물을 관리해주는 아티팩토리^{Artifactory} 같은 도구를 사용해야 한다. 그림 1-14는 Artifacts 섹션을 보여준다. Artifacts 섹션은 간단히 검토해야 하는 소규모 리포트를 공유할 때 사용하면 좋다.

✓ hello-world ‹ 2		Pipeline	Changes	Tests	**Artifacts**	↻	✎	✿	⊡	Logout	✕

Branch: master 3m 22s No changes
Commit: bfcf862 2 minutes ago Replayed #1

NAME	SIZE	
pipeline.log	-	↓
target/example-maven-project-1.0-SNAPSHOT.jar	1.6 KB	↓

Download All

▲ 그림 1-14 파이프라인 실행 화면의 Artifacts 탭

파이프라인 액티비티/브랜치

원격 소스 코드 저장소로 푸시를 할 때마다, 젠킨스 블루오션에서 파이프라인이 실행된다. Activity 탭은 프로젝트별로 실행 중이거나 실행 예정인 모든 파이프라인을 확인할 수 있는 메뉴다(그림 1-15 참조).

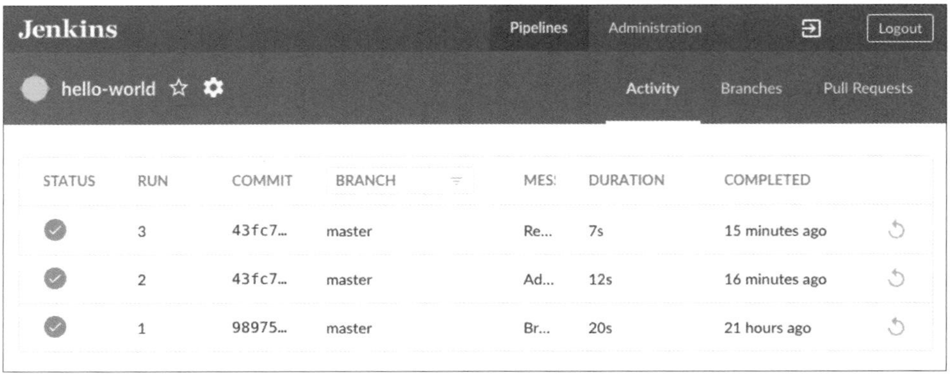

▲ 그림 1-15 파이프라인 프로젝트 대시보드의 액티비티 화면

그림에는 나타나지 않지만, 브랜치별로 파이프라인을 분리할 수도 있다. 그림 1-16은 Branches 탭을 보여준다. 아랫부분에는 소스 컨트롤 저장소의 브랜치별로 최신 파이프라인의 목록이 나타난다.

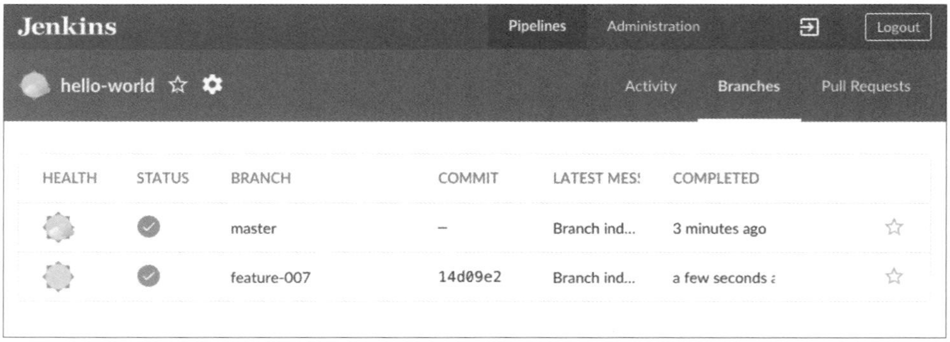

▲ 그림 1-16 파이프라인 프로젝트 대시보드의 브랜치 화면

블루오션 대시보드

그림 1-17은 젠킨스 블루오션 대시보드 예제 화면이다. 블루오션 대시보드에는 모든 프로젝트가 나타난다. 대시보드는 젠킨스 블루오션을 열었을 때 처음 보게 되는 페이지이기도 하다.

성공했거나 실패한 브랜치의 숫자 통계를 포함해 모든 프로젝트에 대한 상태 정보를 볼 수 있다(❶). 그리고 Search 탭을 이용하면 프로젝트를 검색할 수 있다(❷). New Pipeline 버튼(❸)을 누르면 파이프라인을 새로 만들 수 있다. Administraion 링크(❹)를 누르면 젠킨스 관리자 페이지로 이동한다. ❺번 버튼은 기존 젠킨스 대시보드로 돌아간다. Logout 버튼(❻)은 현재 젠킨스 세션을 종료시키는 역할을 한다.

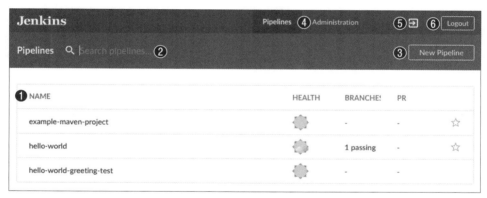

▲ 그림 1-17 젠킨스 블루오션 대시보드

젠킨스 블루오션의 시각적 요소에 대한 자세한 내용은 2장에서 자세히 다룰 예정이다.

고려할 점

이번 절에서는 원스톱으로 파이프라인을 만들 수 있는 젠킨스 블루오션으로 변경하기에 앞서 중요하게 고려해야 할 내용에 대해 알아본다.

블루오션에서 기존 젠킨스 프로젝트 실행하기

2018년 말 기준으로 블루오션에서 읽고, 수정할 수 있는 젠킨스 프로젝트 유형은 다음과 같다.

- 젠킨스 블루오션으로 생성한 파이프라인 프로젝트^{Pipeline Project}

다음 유형의 파이프라인은 블루오션에서 읽기만 가능하며, 수정이 불가능하다.

- 표준 젠킨스에서 생성한 멀티브랜치 파이프라인으로, 선언형 파이프라인 구문 Declarative Pipeline Syntax으로 작성된 파이프라인 프로젝트
- 표준 젠킨스에서 생성한 파이프라인 프로젝트로, 명령형 파이프라인 구문^{Imperative} Pipeline Syntax(통상 스크립트형 파이프라인^{Scripted Pipeline})으로 작성된 멀티브랜치 파이프라인, 깃허브 오거니제이션 프로젝트^{GitHub Organization Project} 또는 파이프라인 프로젝트

프리스타일이나 다중 구성 프로젝트는 블루오션에서 동작하는가?

그림 1-18과 같이 2018년 말 기준으로 블루오션에서는 프리스타일 프로젝트를 읽을 수 있다.

▲ 그림 1-18 블루오션에서 프리스타일 프로젝트 대시보드 보기

스테이지나 스텝이 없고, 완료된 빌드 실행용 단일 로그를 볼 수 있다(그림 1-19 참조).

▲ 그림 1-19 블루오션에서 프리스타일 프로젝트 파이프라인 보기

하지만 파이프라인을 빌드하는 데 블루오션을 사용할 순 없다. 예를 들어 파이프라인 에디터로 프리스타일 프로젝트를 수정할 수도 없고, 파이프라인 시각화도 사용할 수 없다.

그러나 앞으로 젠킨스의 프리스타일 프로젝트나 그 외 유형의 젠킨스 작업을 지원할 것으로 예상하고 있다.

선언형 파이프라인 구문

젠킨스 파이프라인의 기초는 그루비^{Groovy} 다. 심지어 젠킨스는 그루비 엔진도 내장하고 있다. 사용자든 관리자든 그루비로 어떤 코드라도 작성할 수 있다.

젠킨스 개발자는 그루비를 기초로 파이프라인 스크립트라고도 불리는 스크립트형 파이프라인을 개발했다. 스크립트형 파이프라인은 유연하고 확장 가능하지만 배우기가 상당히 어렵다.

더구나 스크립트형 파이프라인은 구조화가 부족하며, 기술 부채가 높아 유지보수가 힘들고, 코드의 가독성도 낮다.

▼ 스크립트형 파이프라인의 예

```
node {
  try {
    stage('Greet') {
      sh 'echo "Hello there"'
    }
  } finally {
    // 다음 부분은 항상 실행된다.
    echo 'The pipeline has passed.'
  }
}
```

이러한 문제를 해결하고자 젠킨스에서는 선언형 파이프라인 구문을 도입했다. 이 방식은 구조적이며 비교적 학습이 쉽다. 그러나 스크립트형 파이프라인 경험자라면 선언형이 약간 더 제약이 많다고 느낄 것이다.

선언형 파이프라인 구문은 단순한 방식의 지속적 인도 파이프라인에 적합하다. 그러나 젠킨스의 공유 라이브러리를 이용해 확장할 수 있다.

▼ 선언형 파이프라인의 예

```
pipeline {
  agent any
  stages {
    stage('Greet') {
      steps {
        sh 'echo "Hello there"'
      }
    }
  }
  post {
    always {
      // 다음 부분은 항상 실행된다.
      echo 'The pipeline has passed.'
    }
  }
}
```

젠킨스 블루오션으로 생성한 파이프라인은 선언형 파이프라인 구문을 따른다. 젠킨스 블루오션의 파이프라인 에디터도 파이프라인 코드를 젠킨스 파일에 쓰거나, 읽어올 때 선언형 파이프라인 구문을 이용한다. 에디터는 텍스트 편집기를 사용해 파이프라인을 쉽게 작성할 수 있도록 설계됐다. 선언형 파이프라인 구문의 구성요소에 대한 자세한 내용은 4장에서 다룰 예정이다.

복잡한 파이프라인을 쉽게 이해하기

선언형 파이프라인 구문은 스크립트형에 비해 제한적이며, 유연성도 떨어진다. 그러나 선언형 파이프라인에서도 다음 기법을 사용해 복잡한 파이프라인을 작성할 수 있다.

- 스크립트 스텝
- 젠킨스 공유 라이브러리

스크립트 스텝을 이용하면 선언형 파이프라인에서도 스크립트형 파이프라인을 일부분 작성할 수 있다. 이 기능은 꼭 필요한 경우에만 사용해야 한다.

▼ 스크립트 스텝을 사용한 선언형 파이프라인의 예

```
pipeline {
  agent any
  stages {
    stage('EvenorOdd') {
      steps {
        script {
          if (currentBuild.number % 2 ==0) {
            echo "The current build number is even."
          }
          else {
            echo "The current build number is odd."
          }
        }
      }
```

```
      }
    }
}
```

그러나 스크립트 스텝이 너무 복잡해진다면 공유 라이브러리를 이용해야 한다. 젠킨스 공유 라이브러리는 복잡한 그루비 코드를 저장하는 외부 소스 코드 저장소다. 이것은 마치 함수처럼 선언형 파이프라인 내부에서 호출해 사용한다.

▼ 젠킨스 공유 라이브러리 저장소의 그루비 스크립트(example.groovy)

```groovy
def greet(message) {
  echo "Hello ${message}, welcome to Jenkins Blue Ocean."
}
```

▼ 공유 라이브러리를 활용하는 젠킨스 선언형 파이프라인

```groovy
@Library('Example_Shared_Library') _

pipeline {
  agent none
  stage ('Example') {
    steps {
      script {
        example.greet 'Readers'
      }
    }
  }
}
```

스크립트 스텝과 젠킨스 공유 라이브러리 사용법에 대해서는 4장과 6장에서 자세히 다룰 예정이다.

여전히 표준 젠킨스 인터페이스를 사용할 일이 있을까?

대답은 '그렇다'이다. 프리스타일 프로젝트나 다중 구성 프로젝트, 파이프라인 프로젝트 같은 기존의 표준 젠킨스 프로젝트를 사용하려면 기존 젠킨스 사용자 인터페이스를 사용해야 한다.

표준 젠킨스 대시보드는 젠킨스를 설치하거나 젠킨스에 로그인할 때 여전히 진입 페이지로서의 역할을 한다. 심지어는 젠킨스 블루오션을 설치하더라도 기본 진입 페이지는 변함없이 표준 젠킨스 대시보드다.

표준 젠킨스 대시보드와 사용자 인터페이스가 조만간 사라지지는 않을 것이다. 그러나 파이프라인을 만들 때 젠킨스 블루오션을 사용하는 사용자들이 점점 더 늘어난다면 표준 젠킨스 사용자 인터페이스를 사용할 이유가 없어질 것이고, 결국 표준 젠킨스 사용자 인터페이스를 통해 파이프라인을 생성하려는 사용자는 소수가 될 것이다.

그러나 관리 작업을 하는 경우라면 표준 젠킨스 사용자 인터페이스를 사용할 필요가 없다. 젠킨스의 관리자용 구성 페이지는 현재 젠킨스 블루오션 대시보드와 직접 연결된다. 그림 1-20에서 Administration 링크를 볼 수 있다.

▲ 그림 1-20 블루오션에서 젠킨스 관리 페이지로 연결되는 링크

지금 바꾸는 게 잘하는 것일까?

젠킨스 블루오션과 표준 젠킨스는 문제없이 공존이 가능하다. 젠킨스 블루오션에서 만든 파이프라인은 표준 젠킨스와 완벽히 호환된다. 젠킨스 블루오션의 설치도 플러그인 방식으로 간편하게 이뤄진다. 그러므로 신규 사용자라면 반드시 블루오션을 사용하는 것이 좋다.

그러나 기존 사용자도 젠킨스 블루오션으로 바꾸는 게 잘하는 것일까? 대답은 '그렇다'이다. 이유는 다음과 같다.

- 젠킨스 블루오션에서 파이프라인을 만드는 것이 쉽다. 선언형 파이프라인 구문은 구조화된 직관적 설계를 기반으로 한다. 따라서 텍스트 편집기를 사용해 파이프라인을 작성하는 개발자에게 적합하며, 그렇지 않은 사용자들은 비주얼 파이프라인 에디터를 사용할 수 있다.
- 젠킨스 블루오션은 선언형 문법을 사용한다. 이 구문으로 작성된 파이프라인은 유지보수가 쉽다. 내 경험으로 볼 때 유지보수가 쉽다는 건 매우 중요한 요소다.
- 파이프라인을 만드는 데 있어서 젠킨스 블루오션이 제공하는 각종 기능을 쉽게 이용할 수 있다. 즉, 팀 내 개발자들이 전문적인 수준의 파이프라인을 만들 수 있으며 결과적으로 사업 수행에 도움이 된다.
- 표준 젠킨스에서 사용하는 스테이지 뷰$^{Stage View}$ 기능은 병렬 파이프라인 스테이지를 제대로 표시할 수 없으며, 파이프라인 시각화 기능을 제공하는 젠킨스 블루오션이 개발됨에 따라 이를 해결하려는 시도도 없어졌다.
- 블루오션이 기존 표준 젠킨스보다 훨씬 직관적이므로 신규 사용자가 습득하기 쉽다.
- 실패에 대한 디버깅도 블루오션이 표준 젠킨스보다 쉽다. 블루오션에서는 각 스텝 단위의 빌드 로그를 개별적으로 표시할 수 있다. 또한 파이프라인 상태를 스테이지 및 스텝 단위로 볼 수 있다. 이러한 기능을 통해 개발자는 실패 지점을 정확히 알아낼 수 있다.

위에 언급한 사항들 외에도 젠킨스 커뮤니티는 젠킨스뿐만 아니라 블루오션 사용자의 목소리에도 적극적으로 귀를 기울이고 있다. 게다가 사용자의 피드백은 모두 블루오션의 로드맵에 반영된다. 그럼에도 불구하고, 젠킨스의 모든 작업 구성이 젠킨스 블루오션과 호환되게 하는 추가 작업이 필요한 상황이다.

누가 블루오션을 사용해야 할까?

젠킨스 블루오션을 이용하면 지속적 통합과 지속적 인도 방식에 익숙하지 않은 초보자도 파이프라인을 생성할 수 있다. 즉, 파이프라인 에디터의 파이프라인 생성 마법사로 쉽게 작업할 수 있다.

블루오션은 모든 사용자가 이용할 수 있지만, 특히 다음과 같은 경우에 적합하다.

- 깃/깃허브/깃랩/비트버킷을 소스 컨트롤 도구로 이용하는 개발 팀
- GitFlow 방식의 워크플로[5]나 기능 브랜치 사용을 권장하는 개발 팀
- 젠킨스 관리자가 주로 관리 업무만 수행하는 조직에 속한 개발 팀으로서 파이프라인을 직접 만들고 관리하는 경우
- 선언형 파이프라인 구문과 젠킨스 공유 라이브러리로 간단한 파이프라인을 만들고자 하는 개발 팀
- 코드 리뷰 전후로 변경사항을 빌드하고 테스트하고 싶은 개발 팀
- 개발 환경 안에 레거시[legacy][6] 요소를 갖고 있지 않은 개발 팀

3장에서는 젠킨스 블루오션을 사용해 단순한 파이프라인뿐만 아니라 복잡한 파이프라인의 작성법도 알아볼 예정이다.

앞으로의 전망은 어떨까?

코드형 파이프라인(일반적인 용어로는 스크립트형 파이프라인)이 등장함에 따라 프리스타일 젠킨스 작업은 거의 없어졌다. 또한 선언형 파이프라인 구문의 확산으로 스크립트형 파이프라인의 사용자는 줄어들고 있다. 이는 선언형 파이프라인 구문이 이해하기도 쉽고, 사용과 유지보수가 쉽기 때문이다.

---

5   마스터(Master) 브랜치와 개발(Develop) 브랜치 및 기능, 릴리스, 핫픽스(Hotfix) 브랜치를 사용하는 것을 중요시하는 엄격한 브랜치 관리 모델

6   폭넓게 사용되기 때문에 새로운 시스템으로 교체하기 어려운 기존 소프트웨어 또는 하드웨어

그러나 복잡한 파이프라인을 작성해야 할 때도 있기 마련이므로 스크립트형 파이프라인이 완전히 사라지지는 않을 것이다. 그러나 대부분의 사람들은 블루오션을 더 선호하게 될 것이다.

내가 미래를 정확히 예측할 수는 없겠지만 블루오션이 확산될 것이라는 사실만은 확신할수 있다. 블로오션이 누구나 사용하는 지속적 인도 도구로서 자리를 잡게 된다면 아마 이책의 업데이트 버전이 필요할 수도 있을 것이다.

블루오션이 제대로 빛을 볼 수 있도록 하기 위해 많은 기능과 개선사항들이 대기하고 있다. 그중 가장 중요한 항목들을 보려면 젠킨스 블루오션 로드맵 페이지(https://jenkins.io/projects/blueocean/roadmap/)를 참조한다. 페이지에서는 각 기능별로 구현 상황을 볼 수있다(그림 1-21 참조).

FEATURE	NOT PLANNED	PLANNED	IN PROGRESS	READY SOON	RELEASED
Pipeline creation and editing					
Read and write for Github Enterprise					Released
Read and write for Bitbucket Server					Released
Read and write for Bitbucket Cloud					Released
Read and write for native Git					Released
Stage level configuration					Released
Reordering steps					Released
Full declarative parity			In Progress		
Support for editing parameters		Planned			
Support using shared libraries from editor		Planned			

▲ 그림 1-21 젠킨스 블루오션 로드맵 페이지

젠킨스는 커뮤니티 기반의 도구이기 때문에, 언젠가는 젠킨스의 프리스타일 프로젝트나젠킨스 파이프라인(스크립트형 파이프라인) 같은 표준 젠킨스 작업을 블루오션에서 편집하게 될 수 있을 것이다.

젠킨스 플러그인의 입장에서 보면, 점점 더 많은 플러그인을 젠킨스 블루오션에서 스텝으로 활용할 수 있을 것이다.

선언형 파이프라인 구문과 파이프라인 에디터, 그리고 젠킨스 블루오션의 다른 기능들은 이미 지속적 인도 방식을 채택한 팀이 작업을 쉽게 하는 데 도움을 주고 있다.

요약

1장에서는 젠킨스 블루오션이 왜 필요한지 배웠다. 블루오션은 대중들이 CI/CD를 쉽게 접할 수 있도록, 한 단계 발전된 사용자 경험을 제공하려는 시도다. 블루오션의 기능도 소개했으며, 파이프라인 생성 마법사와 파이프라인 에디터가 핵심 기능이라는 것도 다뤘다. 파이프라인 시각화는 대화형이며, 직관적이다. 이 기능들에 대해 3장에서 자세히 배울 예정이다.

젠킨스 블루오션에서 생성한 파이프라인은 선언형 구문을 따른다. 선언형 구문을 통해 구조화되고, 유지보수가 쉬운 파이프라인을 작성할 수 있다. 선언형 파이프라인 구문에 대해서는 4장에서 다룰 예정이다.

젠킨스 블루오션을 사용하면 간단한 CD 파이프라인을 쉽게 만들 수 있다. 복잡한 파이프라인의 경우에도 공유 라이브러리를 이용해 작성이 가능하다. 이에 대해서는 3장과 6장에서 다루고자 한다.

또한 표준 젠킨스 파이프라인 유형 중 블루오션과 호환되는 것과 호환이 안 되는 것에 대해서도 언급했다.

이렇게 1장을 마무리하며 독자의 기대에 부응했기를 바란다. 2장에서는 블루오션 설정법을 알아본다.

2장

젠킨스 블루오션 설정

블루오션 설치는 쉽다. 기존 젠킨스 사용자는 젠킨스 블루오션 플러그인을 설치하면 즉시 사용해볼 수 있다. 신규 사용자나 도커 방식을 선호하는 사용자라면 젠킨스 블루오션용 도커 이미지를 사용할 수 있다. 2장에서는 이에 대해 자세히 설명하고자 한다.

2장에서 다루는 내용은 다음과 같다.

- 도커를 이용한 블루오션 설정
- 젠킨스 설정 마법사 이용
- 기존 젠킨스 서버에 블루오션 설정
- 리버스 프록시 서버에서 젠킨스 블루오션 실행 시 고려할 점
- 아파치 톰캣 서버에서 젠킨스 블루오션 실행 시 고려할 점

때때로 리버스 프록시 서버가 인코딩이 포함된 URI를 재작성하는 경우가 있다. 그러면 표준 젠킨스에서 블루오션 링크를 누를 때 페이지를 찾을 수 없다는 에러(404)가 발생한다. 2장 뒷부분의 '고려할 점' 절에서 이에 대한 내용을 다뤘다.

도커를 이용한 블루오션 설정

이번 절에서는 도커^{docker}를 이용해 색다르게 젠킨스 블루오션을 배워보려고 한다. 도커를 이용한 젠킨스 블루오션 설정은 빠르면서 쉽다. 만약 도커가 처음인 사용자라면 http://docs.docker.com/get-started에서 도커에 대한 기본 개념을 먼저 살펴보는 것이 좋겠다.

이번 절에서 설명하는 가이드라인을 따르려면 우선 도커 호스트가 필요하다. 도커 호스트가 설정되어 있지 않다면, 부록의 '도커 호스트 설정' 절을 참고한다. 또한 도커 호스트가 도커 허브에서 이미지를 가져올 수 있는 상태인지도 확인한다.

젠킨스 블루오션 도커 이미지 다운로드

젠킨스 블루오션용으로 작성된 도커 이미지는 도커 허브 jenkinsci/blueocean에 위치한다. jenkinsci/blueocean 도커 이미지에는 블루오션 플러그인이 설치되어 있다.

젠킨스 블루오션 도커 이미지를 가져올 때, 사용자는 블루오션의 최신 버전을 가져올지 또는 특정 버전의 릴리스를 가져올지를 고를 수 있다.

최신 버전의 젠킨스 블루오션 다운로드(권장)

블루오션은 릴리스가 그리 많지 않은 초기 상태의 프로젝트다. 그래서 블루오션이 새로 출시될 때마다 새로운 기능이나 중요한 수정사항이 포함된다. 다음 순서대로 수행해보자.

1. 젠킨스 블루오션의 최신 이미지를 가져오자. 필요한 경우 sudo 명령어도 사용한다.

```
docker pull jenkinsci/blueocean
```

▼ 출력 결과

```
Using default tag: latest
latest: Pulling from jenkinsci/blueocean
```

```
8e3ba11ec2a2: Pull complete
311ad0da4533: Pull complete
.

.

.
022c7adf3026: Pull complete
621cbdrttf37: Pull complete
24600ace3bc4: Pull complete
Digest: sha256:e5ad8063b4cbfac7fe4f8a5afd5226f395b2ac2d71f88d30
4f2a80a40ade78a9
Status: Downloaded newer image for jenkinsci/blueocean:latest
```

2. 다운로드된 도커 이미지의 목록을 보기 위해 다음 도커 명령어를 실행한다.

```
docker images
```

▼ 출력 결과

```
REPOSITORY            TAG      IMAGE ID      CREATED       SIZE
jenkinsci/blueocean   latest   43d06f6468f0  7 hours ago   443MB
```

이상으로 최신 젠킨스 블루오션 도커 이미지를 다운로드하는 방법을 알아봤다.

특정 버전의 젠킨스 블루오션 다운로드

최신 버전이 아니라 특정 버전의 젠킨스 블루오션 릴리스를 다운로드하려면, 우선 이용
할 수 있는 태그가 있는지를 젠킨스 블루오션 저장소에서 확인해야 한다. 다음 순서대로
수행해보자.

1. 아래 주소로 접속해 이용 가능한 태그 목록을 확인한다(그림 2-1 참조).

https://hub.docker.com/r/jenkinsci/blueocean/tags/

▲ 그림 2-1 도커 허브의 jenkinsci/blueocean용 이용 가능 태그 목록

2. 원하는 태그를 정했다면, 다음 명령어를 사용해 해당 버전의 릴리스를 다운로드한다. 필요하다면 sudo 명령어도 사용한다.

```
docker pull jenkinsci/blueocean:<태그 이름>
```

▼ 예제

```
docker pull jenkinsci/blueocean:1.8.2
```

▼ 출력 결과

```
1.8.2: Pulling from jenkinsci/blueocean
8e3ba11ec2a2: Pull complete
311ad0da4533: Pull complete
```

```
          .
          .
          .
de61388d6431: Pull complete
022c7adf3026: Pull complete
24600ace3bc4: Pull complete
Digest: sha256:e5ad8063b4cbfac7fe4f8a5afd5226f395b2ac2d71f88d30
4f2a80a40ade78a9
Status: Downloaded newer image for jenkinsci/blueocean:1.8.2
```

3. 다운로드된 도커 이미지 목록을 보기 위해 다음 도커 명령어를 실행한다.

```
docker images
```

▼ 출력 결과

```
REPOSITORY            TAG     IMAGE ID      CREATED      SIZE
jenkinsci/blueocean   1.8.2   43d06f6468f0  7 hours ago  443MB
```

지금까지 특정 버전의 젠킨스 블루오션 도커 이미지를 다운로드하는 방법을 알아봤다.

젠킨스 블루오션 컨테이너 생성

이번 절에서는 젠킨스 블루오션의 도커 이미지를 사용해 컨테이너를 실행하는 방법을 배워본다. 도커 볼륨을 사용해 조금 특별한 방식으로 작업을 할 예정이다. 도커 볼륨이 무엇인지 궁금한가? 지금부터 그 답을 알아보자.

도커 컨테이너에서는 데이터가 생성되고, 이렇게 데이터를 사용한다. 그러나 컨테이너가 삭제되면 관련된 데이터도 모두 사라진다. 데이터를 지속적으로 유지하기 위해서 도커 볼륨을 사용하는 것이다.

바인드 마운트^{bind mount}는 컨테이너가 생성한 데이터를 지속적으로 유지할 수 있는 또 다른 방법이다. 그러나 도커 볼륨이 항상 바인드 마운트보다 나은 선택이다.

도커 볼륨 생성

이번 절에서는 도커 볼륨을 생성하고, 목록을 표시하고, 설명을 추가하는 작업을 한다. 다음 순서대로 실행해보자.

1. jenkins_home이라는 이름의 도커 볼륨을 생성한다. 필요하면 sudo 명령어도 사용한다.

```
docker volume create jenkins_home
```

▼ 출력 결과

```
jenkins_home
```

2. 새로 생성된 도커 볼륨 목록을 표시한다.

```
docker volume ls
```

▼ 출력 결과

```
DRIVER          VOLUME NAME
local           jenkins_home
```

3. 도커 볼륨에 대한 상세 정보를 보려면 docker inspect 명령어를 사용한다.

```
docker volume inspect jenkins_home
```

▼ 출력 결과

```
[
  {
    "CreatedAt": "2018-08-23T22:04:14+02:00",
    "Driver": "local",
    "Labels": {},
    "Mountpoint": "/var/lib/docker/volumes/jenkins_home/_data",
```

```
    "Name": "jenkins_home",
    "Options": {},
    "Scope": "local"
  }
]
```

볼륨을 사용해 젠킨스 블루오션 컨테이너를 실행하기

원하는 도커 이미지와 도커 볼륨을 얻었다면 이제 젠킨스 블루오션 컨테이너를 생성할
수 있다. 다음 순서대로 수행해보자.

1. docker run 명령어를 사용해 컨테이너를 생성한다.

```
docker run -d --name jenkins \
-p 8080:8080 -p 50000:50000 \
-v jenkins_home:/var/jenkins_home \
jenkinsci/blueocean
```

▼ 출력 결과

54172c9b92b6c9589f11d117093912b610e9edad43ba0f74a84543ea57077237

다음 표는 젠킨스 블루오션 컨테이너를 실행하는 데 사용되는 docker run 명령어에 대
한 설명이다.

옵션	설명
-d	컨테이너를 백그라운드로 실행하고 컨테이너 ID를 출력한다.
--name jenkins	컨테이너에 이름을 할당한다.
-p 8080:8080	컨테이너의 8080 포트를 호스트의 8080 포트로 연결한다.
-p 50000:50000	컨테이너의 50000 포트를 호스트의 50000 포트로 연결한다.
-v jenkins_home:/var/jenkins_home	컨테이너 안에 젠킨스 홈 디렉토리를 마운트한다.
jenkinsci/blueocean	도커 이미지 jenkinsci/blueocean을 사용해 컨테이너를 생성한다.

그 외, 특정 릴리스의 젠킨스 블루오션 이미지를 사용해 컨테이너를 실행하려면 다음 도커 명령어를 실행한다.

```
docker run -d --name jenkins \
-p 8080:8080 -p 50000:50000 \
-v jenkins_home:/var/jenkins_home \
jenkinsci/blueocean:<태그 이름>
```

2. 실행 중인 컨테이너 목록을 보려면 다음 명령어를 실행한다.

```
docker ps --format "table {{.ID}} \t {{.Image}} \t
{{.Ports}} \t {{.Names}}"
```

▼ 출력 결과

CONTAINER ID	IMAGE	PORTS	NAMES
54172c9b92b6	jenkinsci/blueocean	0.0.0.0:8080->8080/tcp, 0.0.0.0:50000->50000/tcp	jenkins

3. 컨테이너의 실행 상태를 보려면 다음 명령어를 실행한다.

```
docker ps --format "table {{.ID}} \t {{.Names}}
\t {{.Status}}"
```

▼ 출력 결과

CONTAINER ID	NAMES	STATUS
54172c9b92b6	jenkins	Up 2 hours

실행 중인 컨테이너에 대한 전체 정보를 보려면 다음 명령어를 실행한다.

```
docker inspect jenkins
```

이제 다음 URL을 사용해 젠킨스에 접속할 수 있다.

http://〈도커 호스트 IP〉:8080/

젠킨스 설정 마법사로 실행하기

이제 젠킨스 블루오션을 실행했다. 다음으로, 젠킨스 설정 마법사로 젠킨스를 시작해보자. 설정 마법사에서는 다음 작업을 할 수 있다.

- 젠킨스 잠금 해제
- 젠킨스의 기본 플러그인 설치
- 관리자 생성
- 젠킨스의 기존 URL과 신규 URL 중 선택

젠킨스 잠금 해제

젠킨스 URL로 처음 접속을 하면 초기 비밀번호를 입력해 잠금을 해제하라는 요청이 나타난다(그림 2-2 참조). 초기 비밀번호는 /var/jenkins_home/secrets/initialAdminPassword(❶)에 있다. 이 파일은 젠킨스 블루오션 컨테이너 안에 있다.

다음 도커 명령어를 실행해 initialAdminPassword 파일의 내용을 가져온다.

```
docker exec -it jenkins /bin/bash -c \
"cat /var/jenkins_home/secrets/initialAdminPassword"
```

▼ 출력 결과

```
094aef10666b4e198fec840069c311de
```

위 명령어의 출력 결과를 Administrator password(❷) 필드에 복사한다. 계속 진행하기 위해 Continue(❸)를 클릭한다.

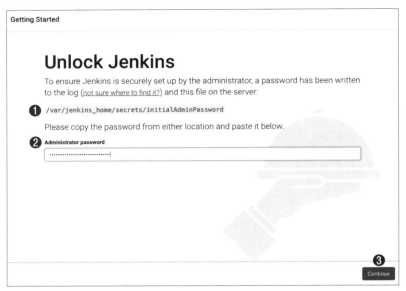

▲ 그림 2-2 젠킨스 잠금

기본 플러그인 설치

다음으로, 마법사는 필수 젠킨스 플러그인을 설치하기 위해 두 가지 선택지를 제시한다. Install suggested plugins^{추천 플러그인 설치}(❶)와 Select plugins to install^{설치할 플러그인 선택}(❷)이다 (그림 2-3 참조).

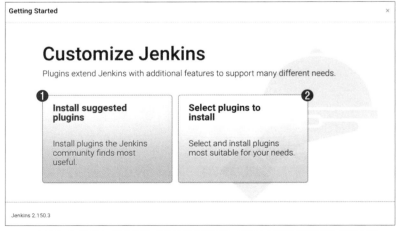

▲ 그림 2-3 젠킨스 설정 마법사의 추천 플러그인 설치와 설치할 플러그인 선택 화면

Install suggested plugins 옵션을 고르면 젠킨스가 자체적으로 중요하다고 판단한 플러그인을 설치한다. Select plugins to install 옵션을 고르면 다른 페이지로 이동한다(그림 2-4 참조).

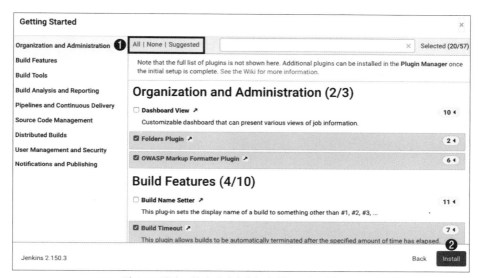

▲ 그림 2-4 젠킨스 설정 마법사에서 설치할 플러그인을 선택하기

새 페이지가 나타나면 All, None, Suggested 플러그인 중에서 선택해 설치할 수 있다(❶).

선택을 한 후, Install(❷)을 클릭한다.

그러면 젠킨스 마법사가 플러그인을 설치한다(그림 2-5 참조).

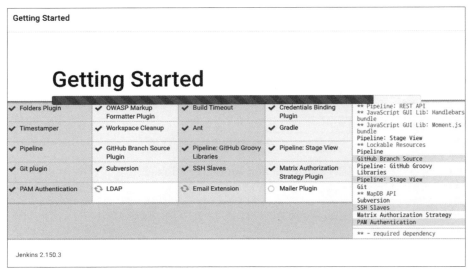

▲ 그림 2-5 설치 중인 플러그인

관리자 생성

젠킨스 필수 플러그인을 설치한 후에는, 신규 관리자를 생성하게 된다(그림 2-6 참조).

▲ 그림 2-6 젠킨스 설정 마법사에서 첫 번째 관리자 계정 만들기

그림 2-6을 보면 필드별로 입력 항목을 알 수 있다. 물론 기존 관리자로 설치를 진행하는 옵션도 있다(❷). 기존 관리자의 자격 증명은 다음과 같다.

- Username: admin
- Password: /var/jenkins_home/secrets/initialAdminPassword에 기록된 문자열

선택을 마쳤다면, Save and Continue(❸)를 클릭한다.

젠킨스 URL 구성

다음으로는 젠킨스 URL을 구성해야 한다(그림 2-7 참조). Jenkins URL 필드(❶)는 현재 URL로 이미 입력되어 있다. 이 URL은 현재 젠킨스에 접속할 때 입력한 URL이다.

이번 실습에서는 기본값을 바꿀 필요가 없으므로, Not now(❷) 또는 Save and Finish(❸)를 클릭한다.

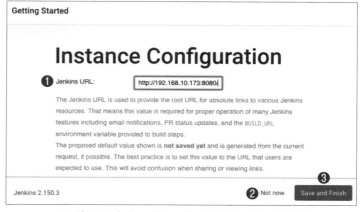

▲ 그림 2-7 젠킨스 설정 마법사에서 Jenkins URL 구성하기

이제, 젠킨스 설정이 끝났다. Start using Jenkins를 클릭해 시작한다(그림 2-8 참조).

▲ 그림 2-8 젠킨스 설정 마법사의 마지막 단계인 젠킨스 설치 환영 페이지

클라우드 플랫폼의 도커 호스트나 쿠버네티스(Kubernetes) 클러스터에서 젠킨스를 운영 중이라면, 부록의 '젠킨스의 프록시 호환성 활성화' 절을 반드시 읽도록 한다.

블루오션 대시보드에 접속하기

이전에 언급했던 것처럼 젠킨스의 시작 페이지는 표준 젠킨스 대시보드다. 따라서 젠킨스 블루오션 대시보드가 즉시 나타나지는 않는다.

블루오션에 접속하려면 표준 젠킨스 대시보드의 좌측 메뉴에서 Open Blue Ocean 링크(❶)를 클릭한다(그림 2-9 참조).

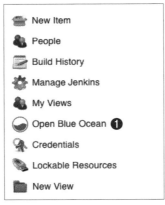

▲ 그림 2-9 표준 젠킨스 대시보드의 젠킨스 블루오션 연결 링크

드디어, 젠킨스 블루오션 대시보드가 나타난다(그림 2-10 참조).

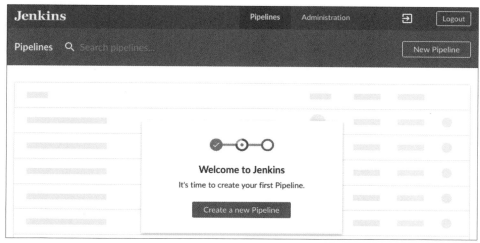

▲ 그림 2-10 젠킨스 블루오션의 대시보드

젠킨스 장애 복구

jenkins_home 디렉토리에는 젠킨스의 모든 구성과 데이터가 저장된다. jenkins_home 의 내용을 도커 볼륨에 읽고 쓰면 장애 발생 시 젠킨스 서버를 복구할 수 있다.

이번 실습을 통해 젠킨스 블루오션 컨테이너를 도커 볼륨으로 실행하는 경우 어떤 작업을 할 수 있는지 간단히 알아보려고 한다.

이번 실습에서는 다음 내용을 수행한다.

- 젠킨스 서버의 구성을 변경한다. 그러나 지금까지 젠킨스 설정 마법사로 플러그인을 설치하고 관리자를 생성하는 과정을 통해 이미 변경 작업을 수행했으므로, 실습을 위해 별도로 구성 변경을 하진 않는다.
- 현재 실행 중인 젠킨스 컨테이너를 삭제해 문제를 발생시킨다. 그러나 도커 볼륨 jenkins_home은 유지한다.

- 새로운 젠킨스 컨테이너를 생성한 후 기존 도커 볼륨 jenkins_home에 연결한다.

다음과 같은 경우에는 실습이 성공한 것이다.

- 젠킨스 서버의 모든 변경사항이 젠킨스 컨테이너를 재생성한 이후에도 그대로 유지된다.
- 젠킨스 설정 마법사 대신 젠킨스 로그인 페이지가 표시된다.
- 이전에 젠킨스 설정 마법사로 생성한 관리자로 로그인할 수 있다.

실습 과정은 다음과 같다.

1. 현재의 젠킨스 컨테이너를 중단한다.

```
docker stop jenkins
```

2. 현재의 젠킨스 컨테이너를 삭제한다.

```
docker rm jenkins
```

3. 다음 명령어를 실행해 젠킨스 컨테이너가 삭제됐는지 확인한다. 아무런 출력 결과가 없어야 하며, jenkins라는 이름이 들어간 항목이 없어야 한다.

```
docker ps -a
```

4. 다음 명령어를 실행해 신규 젠킨스 컨테이너를 생성한다.

```
docker run -d --name jenkins \
-p 8080:8080 -p 50000:50000 \
-v jenkins_home:/var/jenkins_home \
jenkinsci/blueocean
```

5. 다음 주소를 입력해 젠킨스 서버로 접속한다.

http://〈도커 호스트 IP〉:8080/

젠킨스 설정 마법사 대신 로그인 페이지가 나타나면 성공이다. 그리고 기존 관리자 계정으로도 로그인을 할 수 있어야 한다.

도커로 표준 젠킨스 서버 생성하기

이번 실습에서는 표준 젠킨스 도커 이미지 jenkins/jenkins로 젠킨스 컨테이너를 실행할 것이다.

1. 젠킨스의 최신 도커 이미지를 가져온다. 필요한 경우 sudo 명령어도 사용한다.

```
docker pull jenkins/jenkins
```

또는

```
docker pull jenkins/jenkins:<태그 이름>
```

2. 도커 볼륨을 생성한다.

```
docker volume create jenkins_home_classic
```

3. 생성된 볼륨 목록을 살펴보고, 신규 생성된 볼륨을 검사한다.

```
docker volume ls
```

그리고

```
docker volume inspect jenkins_home_classic
```

4. 젠킨스 도커 이미지로 컨테이너를 생성한다.

```
docker run -d --name jenkins_classic \
-p 8081:8080 -p 50001:50000 \
-v jenkins_home_classic:/var/jenkins_home \
jenkins/jenkins
```

또는 다음 명령어를 사용해 특정 버전의 젠킨스 이미지로 컨테이너를 실행할 수 있다.

```
docker run -d --name jenkins_classic \
-p 8081:8080 -p 50001:50000 \
-v jenkins_home_classic:/var/jenkins_home \
jenkins/jenkins:<태그 이름>
```

5. 다음 주소를 입력해 젠킨스 서버로 접속한다.

http://〈도커 호스트 IP〉:8081/

이 젠킨스 컨테이너는 블루오션 플러그인이 없는 최신 버전의 표준 젠킨스를 실행한다.
이 컨테이너에서 젠킨스 블루오션을 사용하려면 수동으로 플러그인을 설치해야 한다.

기존 젠킨스 서버에 블루오션 설정하기

기본 젠킨스 서버에서 젠킨스 블루오션을 사용하려면 블루오션 플러그인을 설치해야 한
다. 바로 시도해보자.

블루오션 플러그인 설치를 위해 다음 단계를 수행한다.

1. 표준 젠킨스 대시보드의 왼쪽 메뉴에서 Manage Jenkins(❶)를 클릭한다. 그림 2-11
을 참조한다. Manage Jenkins 페이지가 나타나면, Manage Plugins(❷)를 클릭한다.

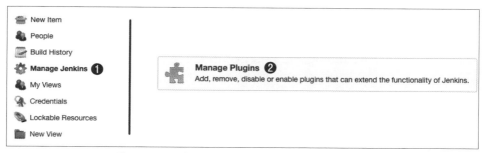

▲ 그림 2-11 표준 젠킨스 대시보드에서 Manage Plugins 페이지 접속

2. Manage Plugins 페이지에서, Available 탭을 클릭한다(그림 2-12 참조).

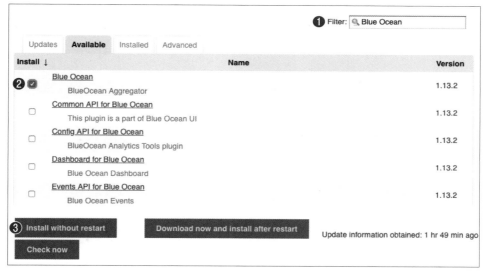

▲ 그림 2-12 블루오션 플러그인 검색

3. Filter 필드(❶)에서 'Blue Ocean'을 검색한다.

4. 사용 가능한 플러그인 목록에 결과가 나타나면 Blue Ocean(❷)을 선택하고, Install without restart재시작 없이 설치(❸)를 클릭한다.

5. 젠킨스에서 블루오션 플러그인과 종속된 파일을 설치하기 시작한다(그림 2-13 참조).

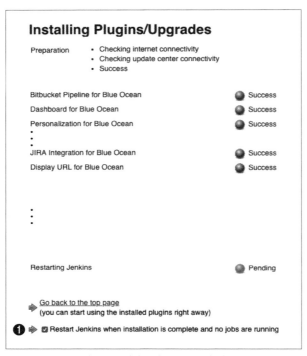

▲ 그림 2-13 젠킨스 플러그인 설치 진행 중

6. 설치가 완료되고 실행 중인 작업이 없다면 Restart Jenkins를 클릭한다.

7. 그렇지 않은 경우, 브라우저에서 〈젠킨스 URL〉/restart를 입력해 젠킨스를 다시 시작한다.

🔗 http://192.168.10.173:8080/restart

8. 젠킨스를 재시작한 후 대시보드에 로그인한다(그림 2-14 참조).

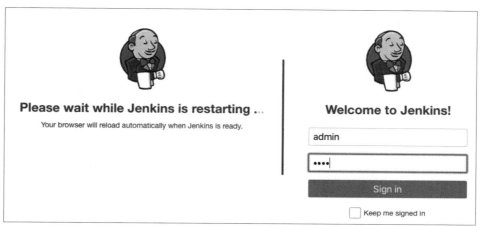

▲ 그림 2-14 젠킨스 재시작 및 로그인 페이지

9. 표준 젠킨스 대시보드 페이지에서 Open Blue Ocean 링크(❶)를 볼 수 있다(그림 2-15 참조).

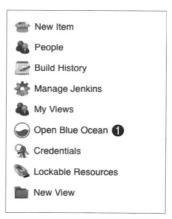

▲ 그림 2-15 표준 젠킨스 대시보드의 젠킨스 Blue Ocean 링크

이상으로 기존 젠킨스 서버에 젠킨스 블루오션 플러그인을 설치했다.

고려할 점

젠킨스는 엔진엑스나 아파치 같은 리버스 프록시 서버에서 운영하는 것이 일반적이다. 이는 리버스 프록시 서버를 사용하는 경우 얻는 장점이 많기 때문이다. 예를 들어, 젠킨스 스레드를 차단하지 않고도 느린 클라이언트에 정적 파일 전송 작업을 처리한다. 젠킨스의 부하를 낮추기 위해 정적 파일을 캐시하거나 정적 파일 서빙을 수행한다. 게다가 엔진엑스는 SSL 지원에 있어서 매우 효율적이라고 알려져 있으며, 젠킨스에서 기본적으로 제공되는 윈스턴 서블릿 컨테이너^{Winstone Servlet Container}보다 더 좋다.

다른 이유로 아파치 톰캣 서버에서 젠킨스를 운영하는 것을 선호하는 사람들도 많다. 그러나 리버스 프록시 서버와 서블릿 컨테이너는 블루오션 URI를 리라이트^{rewrite} 처리함으로써 다음과 같은 오류를 발생시킨다(그림 2-16 참조).

▲ 그림 2-16 젠킨스 블루오션 대시보드 접속 시 나타나는 '페이지를 찾을 수 없음(404)' 에러

그래서 이번 절에서는 리버스 프록시 서버와 서블릿 컨테이너에서 반드시 설정해야 할 항목에 대해 다룬다.

아파치에서 젠킨스 블루오션을 실행하는 경우

아파치 리버스 프록시 서버에서 젠킨스 블루오션을 운영한다면 다음처럼 구성이 되었는지 확인한다.

1. 아파치 *.conf 파일 안의 ProxyPass 항목에 nocanon 옵션이 있는지 확인한다.

▼ 아파치 *.conf 파일 내용 중 일부

```
ProxyPass          /jenkins  http://localhost:8080/ nocanon
ProxyPassReverse  /jenkins  http://localhost:8080/
ProxyRequests     Off
AllowEncodedSlashes NoDecode

# Local reverse proxy authorization override
# Most unix distribution deny proxy by default (ie /etc/
apache2/mods-enabled/proxy.conf in Ubuntu)
<Proxy http://localhost:8080/*>
  Order deny,allow
  Allow from all
</Proxy>
```

2. 아파치 *.conf 파일 안에 AllowEncodedSlashes NoDecode 줄이 있는지 확인한다.

ProxyPass에 대한 nocanon 옵션과 AllowEncodedSlashes NoDecode가 모두 설정돼야 블루오션의 URI가 제대로 동작한다.

이 설정들은 HTTPS에서 리버스 프록시로 젠킨스를 운영하는 경우라면 꼭 유지돼야 한다.

> 위의 구성은 컨텍스트 경로가 없는 8080 포트에서 젠킨스를 운영하는 경우를 가정한다. 또한 젠킨스와 아파치 서버는 모두 동일 호스트에서 실행되는 경우다.
>
> 젠킨스와 아파치를 별도의 호스트에서 운영하는 경우 localhost/127.0.0.1을 젠킨스 호스트 서버의 IP로 변경해야 한다.

엔진엑스에서 젠킨스 블루오션을 실행하는 경우

엔진엑스에서 젠킨스 블루오션을 운영한다면 다음처럼 구성이 되었는지 확인한다.

1. proxy_pass가 젠킨스의 IP와 포트로 직접 연결되는지 확인한다.

2. 젠킨스 블루오션에서 경로 설정(특히 폴더 관련) 문제가 계속되면, *.conf 파일에 다음과 같은 줄이 추가됐는지 확인한다.

```
If ($request_uri ~* "/blue(/.*)") {
  proxy_pass http://jenkins/blue$1;
  break;
}
```

3. 위의 두 가지 설정은 아래의 코드에서 굵은 글씨체로 강조했다. 해당 코드는 https://github.com/Apress/beginning-jenkins-blue-ocean/blob/master/Ch02/default.conf에서도 다운로드할 수 있다.

▼ 일반적인 엔진엑스 *.conf 파일(전체)

```
upstream jenkins {
  keepalive 32; # keepalive connections
  server 127.0.0.1:8080; # jenkins ip and port
}

server {
  listen          80;        # Listen on port 80 for IPv4 requests

  server_name     jenkins.example.com;

  #this is the jenkins web root directory (mentioned in the /etc/default/
jenkins file)
  root            /var/run/jenkins/war/;

  access_log      /var/log/nginx/jenkins/access.log;
  error_log       /var/log/nginx/jenkins/error.log;
```

```
ignore_invalid_headers off; #pass through headers from
Jenkins which are considered invalid by Nginx server.

location ~ "^/static/[0-9a-fA-F]{8}\/(.*)$" {
  #rewrite all static files into requests to the root
  #E.g /static/12345678/css/something.css will become /css/something.css
  rewrite "^/static/[0-9a-fA-F]{8}\/(.*)" /$1 last;
}

location /userContent {
  #have nginx handle all the static requests to the userContent folder files
  #note : This is the $JENKINS_HOME dir
    root /var/lib/jenkins/;
  if (!-f $request_filename){
    #this file does not exist, might be a directory or a /**view** url
    rewrite (.*) /$1 last;
      break;
  }
  sendfile on;
}

location @jenkins {
  sendfile off;
  proxy_pass          http://jenkins;
  if ($request_uri ~* "/blue(/.*)") {
    proxy_pass http://jenkins/blue$1;
    break;
  }
  proxy_redirect      default;
  proxy_http_version 1.1;

  proxy_set_header    Host            $host;
  proxy_set_header    X-Real-IP       $remote_addr;
  proxy_set_header    X-Forwarded-For $proxy_add_x_forwarded_for;
  proxy_set_header    X-Forwarded-Proto $scheme;
  proxy_max_temp_file_size 0;

  #this is the maximum upload size
```

```
    client_max_body_size      10m;
    client_body_buffer_size   128k;

    proxy_connect_timeout     90;
    proxy_send_timeout        90;
    proxy_read_timeout        90;
    proxy_buffering           off;
    proxy_request_buffering   off; # Required for HTTP CLI commands in
Jenkins > 2.54
    proxy_set_header Connection ""; # Clear for keepalive
  }

  location / {
    # Optional configuration to detect and redirect iPhones
    if ($http_user_agent ~* '(iPhone|iPod)') {
      rewrite ^/$ /view/iphone/ redirect;
    }

    try_files $uri @jenkins;
  }
}
```

위의 구성은 컨텍스트 경로가 없는 8080 포트에서 젠킨스를 운영하는 경우를 가정한다. 또한 젠킨스와 엔진엑스 서버는 모두 동일 호스트에서 실행되는 경우다.

젠킨스와 엔진엑스를 별도의 호스트에서 운영하는 경우 localhost/127.0.0.1을 젠킨스 호스트 서버의 IP로 변경해야 한다.

리버스 프록시에서 젠킨스 블루오션 운영하기

여기서는 엔진엑스에서 젠킨스 블루오션을 운영하는 방법을 실습해본다.

실습을 진행하기에 앞서 생성한 젠킨스 컨테이너 및 이와 관련된 도커 볼륨을 모두 삭제해야 한다.

1. jenkins라는 이름으로 젠킨스 컨테이너를 실행한다. 필요하면 sudo 명령어도 사용한다.

```
docker run -d --name jenkins \
-v jenkins_home:/var/jenkins_home \
jenkinsci/blueocean
```

> 위의 도커 명령어에서 젠킨스 컨테이너 포트 8080 및 50000은 해당 호스트 포트와 매핑이 되지 않는 상태다. 이는 젠킨스를 호스트 IP에 노출시키지 않으려는 목적이다.

2. 엔진엑스용 도커 이미지를 다운로드한다.

```
docker pull nginx
```

3. 엔진엑스용 도커 이미지를 생성한다. 또한 --link 옵션을 사용해 엔진엑스 컨테이너를 젠킨스 컨테이너에 연결한다.

```
docker run -d --name nginx -p 80:80 --link jenkins nginx
```

4. docker exec 명령어를 사용해 엔진엑스 컨테이너를 넣는다.

```
docker exec -it nginx /bin/bash
```

5. 우분투 패키지 목록을 업데이트한다.

```
apt-get update
```

6. 나노 텍스트 에디터를 설치한다.

```
apt-get install nano
```

7. /etc/nginx/conf.d/ 경로 안의 default.conf 파일을 백업한다.

```
cp etc/nginx/econf.d/default.conf etc/nginx/econf.d/
default.conf.backup
```

8. 이어서 default.conf 파일 내용을 다음과 같이 바꾼다.

```
upstream jenkins {
  server jenkins:8080;
}

server {
  listen 80;
  server_name jenkins.example.com;

  location / {
    proxy_pass              http://jenkins;
    proxy_set_header        Host $host;
    proxy_set_header        X-Real-IP $remote_addr;
    proxy_set_header        X-Forwarded-For $proxy_
    add_x_forwarded_for;
    proxy_set_header        X-Forwarded-Proto $scheme;
  }
}
```

위의 구성은 컨텍스트 경로가 없는 8080 포트에서 젠킨스를 운영하는 경우를 가정한다.

9. 엔진엑스 컨테이너에서 나온다.

```
exit
```

10. 엔진엑스 컨테이너를 재시작한다.

```
docker restart nginx
```

순서대로 진행됐다면 제대로 http://⟨도커 호스트 IP⟩/로 젠킨스에 접속할 수 있다. 그러나 http://⟨도커 호스트 IP⟩:8080/으로는 접속이 되지 않아야 한다.

아파치 톰캣에서 젠킨스 블루오션을 운영하는 경우

아파치 톰캣Apache Tomcat으로 젠킨스를 실행하는 경우 아파치 톰캣에서 다음 구성을 사용하는지 확인한다.

- Dorg.apache.tomcat.util.buf.UDecoder.ALLOW_ENCODED_SLASH=true
- Dorg.apache.catalina.connector.CoyoteAdapter.ALLOW_BACKSLASH=true

요약

2장에서는 도커 볼륨을 사용해 젠킨스 블루오션을 설정하는 방법을 배웠고, 젠킨스 설정 마법사도 경험했다. 도커로 젠킨스를 운영하는 것은 재밌고 쉽다는 사실을 이번 장에서 분명히 알게 됐을 것이다.

그리고 기존 젠킨스 서버에 젠킨스 블루오션을 설정하는 방법을 배웠다.

도커로 상용 블루오션 인스턴스를 설정하고 싶다면 jenkins/jenkins 도커 이미지를 사용할 것을 추천한다. jenkins/jenkins 도커 이미지에는 블루오션이 포함되어 있지 않기 때문에 수동으로 블루오션 플러그인을 설치해야 한다. 이렇게 하면 특정 버전의 블루오션과 특정 버전의 젠킨스 릴리스를 마음대로 선택할 수 있다.

마지막으로, 리버스 프록시 서버와 아파치 톰캣 서버에서 젠킨스 블루오션을 운영하기 위해 특별히 필요한 구성을 다뤘다.

2장에서 다룬 모든 실습을 수행했다면 다음과 같은 내용도 숙지했을 것이다.

- 젠킨스 장애 복구
- 도커로 표준 젠킨스 서버 생성
- 리버스 프록시에서 젠킨스 블루오션 운영

3장에서는 젠킨스 블루오션에서 파이프라인을 생성하고, 이를 시각화하는 방법을 배울 예정이다.

3장

첫 파이프라인 만들기

3장은 젠킨스 블루오션의 작업을 단계별로 알아볼 예정이다. 파이프라인 생성 마법사를 이용해 여러 유형의 소스 코드 저장소와 블루오션 파이프라인 프로젝트를 통합하고, 비주얼 파이프라인 에디터로 파이프라인을 생성한다.

깃허브 저장소 주소 https://github.com/Apress/beginning-jenkins-blue-ocean/tree/master/Ch03/example-maven-project에서 포크할 수 있는 메이븐 프로젝트 예제를 통해 이 작업을 자세히 배우고 실습할 예정이다.

다음으로 비주얼 파이프라인 에디터를 사용해 기존 파이프라인을 편집하는 방법을 배운다. 더불어 멀티브랜치 파이프라인 기능에 대해서도 알아본다. 또한 젠킨스 블루오션에서 풀 리퀘스트^{pull request}를 처리하는 방법도 살펴본다. 그리고 파이프라인 시각화와 관련된 블루오션의 다양한 기능의 사용법을 배운다.

3장은 다루는 내용도 많고, 스크린샷도 적지 않다. 실습 과정을 순서대로 차근차근 진행하자.

3장에서 다루는 내용은 다음과 같다.

- 젠킨스 블루오션의 파이프라인 프로젝트와 다음의 소스 코드 저장소와의 연결
  - 깃^{Git} 서버
  - 깃허브^{GitHub} 서버
  - 비트버킷^{Bitbucket} 서버
  - 깃랩^{GitLab} 서버
- 비주얼 파이프라인 에디터로 파이프라인 설계 및 생성
- 파이프라인 시각화 학습
- 스텝, 스테이지, 파이프라인 단계에서 로그 추적 및 디버깅
- 파이프라인 실행별 테스트 결과와 산출물 검토
- 비주얼 파이프라인 에디터로 기존 블루오션 파이프라인 편집
- 파이프라인 프로젝트의 멀티브랜치용 파이프라인 검토
- 젠킨스 블루오션에서 풀 리퀘스트 처리

이와 함께 도커로 파이프라인용 젠킨스 에이전트 역할을 하는 컨테이너를 생성하는 방법도 배우며, 이를 위해 도커 허브에 등록해둔 nikhilpathania/jenkins-ssh-agent를 사용할 것이다.

사전 준비사항

실제로 연습을 수행하기에 앞서 3장에서 설명하는 모든 단계를 수행하는 데 필요한 사항을 준비해둬야 한다.

다음 절에서는 도커 이미지를 다운로드하여 젠킨스에서 빌드 작업을 하는 컨테이너를 생성할 수 있게 할 예정이다. 그리고 젠킨스에서 도커 플러그인을 설치하고 구성하는 방법도 배운다.

젠킨스 에이전트용 도커 이미지 가져오기

젠킨스에서 에이전트 역할을 하는 도커 컨테이너를 생성할 수 있는 도커 이미지가 필요하다. 이를 위해 내 도커 허브에서 다운로드할 수 있는 도커 이미지인 nikhilpathania/jenkins_ssh_agent를 생성해뒀으며, 주소는 다음과 같다.

> https://hub.docker.com/u/nikhilpathania/jenkins_ssh_agent

이 도커 이미지를 다운로드하려면 도커 호스트에 로그인하고 다음 명령어를 실행한다. 필요한 경우 sudo 명령어도 사용한다.

```
docker pull nikhilpathania/jenkins_ssh_agent
```

도커 이미지인 nikhilpathania/jenkins_ssh_agent는 우분투를 기반으로 하며, **깃**과 **자바 JDK, 메이븐**^{Maven}과 **sshd**가 설치되어 있다. 또한 jenkins라는 사용자 계정도 추가되어 있다.

다음 명령어를 실행해 nikhilpathania/jenkins_ssh_agent 이미지로 컨테이너가 생성되는지 테스트해볼 수 있다.

```
docker run -it --name jenkins_agent nikhilpathania/jenkins_ssh_agent /bin/bash
```

젠킨스에서 도커 이미지용 자격 증명 생성하기

도커 이미지 nikhilpathania/jenkins_ssh_agent와 젠킨스가 통신을 하려면 자격 증명을 추가해야 한다. 젠킨스에 저장된 자격 증명은 모든 파이프라인에서 사용할 수 있다. 그러나 특정 파이프라인이나 사용자만 사용할 수 있도록 사용을 제한하는 권한을 부여할 수도 있다. 다음 단계를 따라서 도커 이미지용 자격 증명을 추가해보자.

1. 표준 젠킨스 대시보드에서 Credentials ➤ System ➤ Global credentials(unrestricted)로
   이동한다. 또는 브라우저에서 다음 링크를 입력해 직접 이동한다.

   http://〈젠킨스 URL〉/credentials/store/system/domain/_/

2. 다음으로 Add Credentials 링크를 클릭해 신규 자격 증명을 추가한다(그림 3-1 참조).

▲ 그림 3-1 젠킨스에 신규 자격 증명 추가

3. 몇 가지 옵션이 나타나면, 그림 3-2를 참고해 정확하게 구성한다.

   ❶ Kind: Username with password를 선택한다.

   ❷ Username: 도커 이미지 nikhilpathania/jenkins_ssh_agent와 통신할 사용자 이
   름이다. 반드시 jenkins라고 입력한다.

   ❸ Password: 도커 이미지 nikhilpathania/jenkins_ssh_agent용 비밀번호다. 반드
   시 jenkins라고 입력한다.

   ❹ ID: 자격 증명을 인식할 수 있는 의미 있는 이름을 넣는다.

   ❺ Description: 자격 증명에 대한 설명을 추가한다.

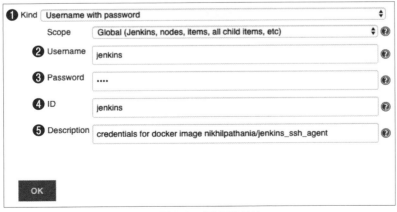

▲ 그림 3-2 자격 증명 구성

구성을 마치면 OK 버튼을 클릭한다. 이제 젠킨스에서 성공적으로 Username with password 유형의 자격 증명을 생성했다.

도커 플러그인 설치

젠킨스 에이전트 역할을 하는 도커 컨테이너를 생성하려면, 젠킨스용 도커 플러그인을 설치해야 한다. 다음 절차를 따라 설치한다.

1. 표준 젠킨스 대시보드에서 Manage Jenkins 링크를 클릭한다. 또는 젠킨스 블루오션 대시보드에서 Administration 링크를 클릭할 수도 있다.

2. 다음으로 Manage Jenkins 페이지에서 Manage Plugins를 클릭한다(그림 3-3 참조).

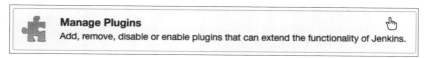

▲ 그림 3-3 젠킨스의 플러그인 관리 링크

3. Manage Plugins 페이지에서, Available 탭을 클릭하고 Filter 필드(❶)에 'Docker'라고 입력한다. 사용 가능한 플러그인 목록이 나타나면 Docker(❷)를 선택하고, Install without restart 버튼(❸)을 클릭한다(그림 3-4 참조).

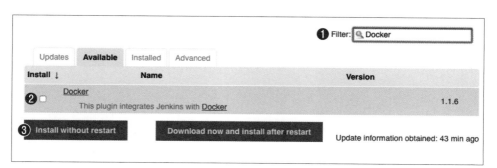

▲ 그림 3-4 젠킨스용 도커 플러그인 설치

젠킨스에 플러그인이 설치된다. 일단 설치가 완료되면 Restart Jenkins when installation is complete and no jobs are running 옵션을 선택해서 젠킨스를 재시작할 수도 있고, Go back to the top page 옵션을 선택해서 설치된 플러그인을 즉시 사용할 수도 있다.

도커 플러그인 구성

다음으로는 새로 설치된 도커 플러그인을 구성한다. 이를 위해 Manage Jenkins 페이지에서 Configure System 링크를 클릭한다(그림 3-5 참조).

▲ 그림 3-5 전역 설정 및 경로 구성으로 이동하는 링크

Configure System 페이지에서, Cloud 섹션이 나타날 때까지 아래로 스크롤을 한다. 이제 도커 호스트를 젠킨스 서버와 연결해보자. 이를 위해 Add a new cloud 버튼을 클릭하고, Docker를 선택한다(그림 3-6 참조).

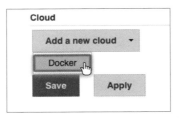

▲ 그림 3-6 도커 타입의 새로운 클라우드를 추가

도커 클라우드 세부 정보 구성

도커 클라우드를 구성하려면 고유한 이름을 부여해야 한다. Name 필드(❶)에 의미 있는 고유의 값을 입력한다. 젠킨스로 도커 호스트를 구성하려면 Docker Cloud details... 버튼을 클릭한다(그림 3-7 참조).

▲ 그림 3-7 도커 클라우드에 이름 입력하기

그림 3-8처럼 구성 옵션 목록이 나타난다. 각 구성에 대한 설명은 다음과 같다.

❶ Docker Host URI^{도커 호스트 주소}: 이 값은 젠킨스와 도커 호스트가 통신하기 위한 URI이다. 도커 호스트 URI를 이 필드에 붙여넣는다. 도커 호스트 URI를 알려면 부록의 '도커 호스트 설정' 절을 참조한다.

❷ Server Credentials^{서버 자격 증명}: 도커 호스트에 로그인을 하려면 Add 버튼을 눌러서 젠킨스에 자격 증명을 추가해야 한다. 그러나 도커 호스트가 젠킨스 서버 컨테이너를 실행 중이라면 무시한다.

❸ Test Connection^{시험 연결}: 젠킨스 서버와 도커 호스트 간의 통신을 시험해보려면 이 링크를 클릭한다. 제대로 연결이 된다면 도커 버전과 API 버전이 나타난다.

❹ Enabled: 현재 구성을 활성화 또는 비활성화하는 체크박스다.

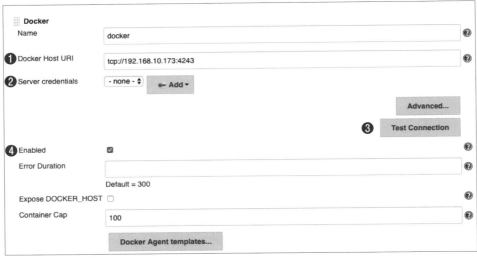

▲ 그림 3-8 도커 호스트 URI와 시험 연결 항목 구성

도커 에이전트 템플릿 구성

다음으로는 도커 클라우드 설정 아래 부분에 있는 **Docker Agent templates...** 버튼을 클릭한다(그림 3-8 참조).

그러면 그림 3-9처럼 **Add Docker Template** 버튼을 볼 수 있다. 이 버튼을 클릭해 젠킨스에서 컨테이너를 생성할 수 있도록 도커 이미지를 구성하자.

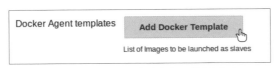

▲ 그림 3-9 신규 도커 에이전트 템플릿 추가

구성해야 할 옵션이 꽤 많이 나타난다. 설명 편의를 위해 그림 3-10a와 그림 3-10b로 구성 부분을 나누어 설명한다.

설명하는 옵션의 순서는 도커 에이전트 템플릿 섹션의 순서와 동일하다.

❶ Labels: 여기에 입력한 값은 파이프라인에서 스테이지용 에이전트를 정의하는 데 사용된다. 이번 예제에서 젠킨스가 에이전트를 생성하는 데 사용하는 값은 docker임을 알 수 있다.

❷ Enabled: 현재 구성을 활성화 또는 비활성화하는 체크박스다.

❸ Docker Image도커 이미지: 에이전트 컨테이너를 생성하는 데 사용되는 도커 이미지의 이름을 입력한다.

❹ Remote File System Root원격 파일 시스템 루트: 컨테이너에서 실행되는 파이프라인의 워크스페이스가 있는 컨테이너의 내부 디렉토리다.

❺ Usage: Only build jobs with label expression matching this node정확히 일치하는 에이전트 레이블을 갖는 파이프라인만을 빌드를 선택한다. 이 예제의 경우 docker로 설정했다.

▲ 그림 3-10a 도커 에이전트 템플릿 구성

❻ Connect method^{연결 방식}: 젠킨스가 SSH 프로토콜로 컨테이너에 연결하도록 하려면 Connect with SSH 옵션을 선택한다.

❼ SSH key: 선호하는 인증 모드로 SSH 자격 증명을 사용하려면 옵션에서 Use configured SSH credentials를 선택한다.

❽ SSH Credentials: 앞의 '젠킨스에서 도커 이미지용 자격 증명 생성하기' 절에서 생성해 둔 자격 증명을 옵션 목록에서 선택한다.

❾ Host Key Verification Strategy: 간단하게 Non verifying Verification Strategy로 선택한다. 그러나 이 옵션은 상용 젠킨스 서버용으로는 적합하지 않다.

▲ 그림 3-10b 젠킨스와 도커 컨테이너가 통신하는 방식을 정의

구성이 끝나면 맨 아래까지 스크롤한 후 **Apply** 및 **Save**를 눌러 설정을 저장한다.

지금까지의 절차는 기본 도커 플러그인 구성으로서, 파이프라인이 실행되는 동안 젠킨스의 요청으로 컨테이너를 생성하도록 하는 작업이다.

파이프라인 생성 마법사 사용하기

이번 절과 다음 절에서는 파이프라인 생성 마법사로 파이프라인을 만드는 방법을 배워 본다.

파이프라인을 만들기 위해 젠킨스 블루오션 대시보드에서 New Pipeline 버튼(❶)을 클릭 한다(그림 3-11 참조).

▲ 그림 3-11 신규 파이프라인 생성

파이프라인 생성 마법사가 시작되면 'Where do you store your code?코드를 어디에 저장합니까?' 라는 메시지가 나타난다(그림 3-12 참조).

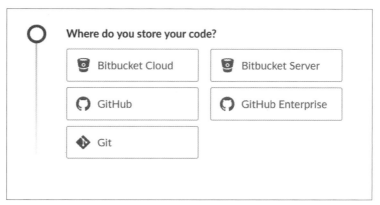

▲ 그림 3-12 소스 컨트롤 도구 목록

비트버킷, 깃허브, 깃, 깃랩 중에서 하나를 선택할 수 있다. 깃랩의 경우에는 별도의 옵션 구성 없이도 연결할 수 있다. 이에 대해서는 뒷부분에서 자세히 다룬다.

그럼, 이들 소스 저장소별로 젠킨스 블루오션 파이프라인을 생성하고 연결하는 방법을 살펴보자.

블루오션 파이프라인과 깃 저장소 연결

많은 조직은 여전히 표준 깃 서버를 회사에 설치해서 사용하는 것을 선호한다. 독자의 팀도 사내에 깃 서버를 두고 있다면 이번 절에서는 블루오션과 그 서버를 연결하는 방법을 살펴본다.

'코드를 어디에 저장합니까?'에 대한 답변으로 Git을 선택한다(그림 3-13 참조).

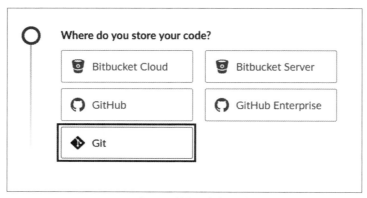

▲ 그림 3-13 블루오션과 깃 연결

화면에 저장소의 URL을 입력하라는 메시지가 표시된다. 저장소의 SSH URL이나 HTTP/HTTPS를 붙여넣는다. 그러나 인증 방식은 각기 다르므로, 하나씩 살펴보자.

HTTP/HTTPS 인증 방식

깃 서버에 구성된 인증 방식이 HTTP/HTTPS라면, Repository URL 필드(❶)에 저장소 URL을 입력한다(그림 3-14 참조).

Username(❷)과 Password(❸) 필드에 자격 증명을 각각 추가하고, Create Credential 버튼(❹)을 클릭한다. 그러면 젠킨스에 자격 증명이 저장된다. 그리고 모든 과정이 문제없이 수행됐다면 Create Pipeline 버튼(❺)을 클릭해 독자의 소스 코드 저장소용 파이프라인을 생성한다.

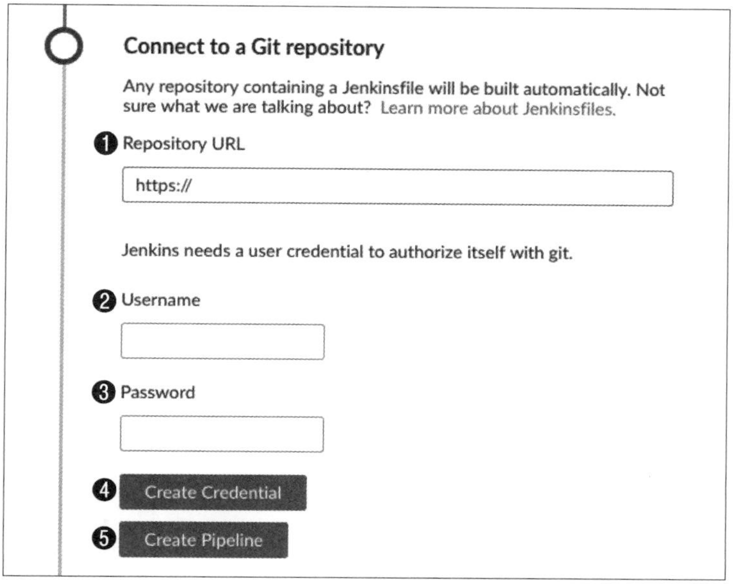

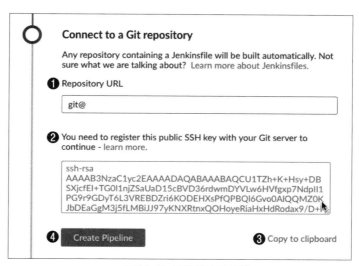

▲ 그림 3-14 HTTP/HTTPS 인증 방식

SSH 인증 방식

깃 서버에 구성된 인증 방식이 SSH라면, **Repository URL** 필드(❶)에 저장소의 SSH URL
을 입력한다. 그러면 공개 SSH 키(❷)가 생성된다(그림 3-15 참조).

▲ 그림 3-15 공개 SSH 키 생성

깃 서버에서 공개 SSH 키를 구성해야 하므로, 다음 단계를 따라간다.

1. 깃 서버에 로그인하고, 텍스트 에디터를 사용해 /tmp 폴더 아래에 신규 .pub 파일을 만든다.

```
nano /tmp/id_rsa.peter.pub
```

2. **Copy to clipboard** 링크(❸)를 클릭해, 젠킨스 블루오션 창에서 생성한 공개 SSH 키를 복사한다.

3. 복사한 공개 SSH 키를 신규 .pub 파일에 붙여넣는다.

4. 다음으로, 새로 생성된 .pub 파일의 내용을 ~/.ssh/ 디렉토리에 있는 깃 사용자의 authorized_keys 파일에 추가한다.

```
cat /tmp/id_rsa.peter.pub >> ~/.ssh/authorized_keys
```

깃 서버에서 블루오션이 생성한 공개 SSH 키를 구성한 후에는 **Create Pipeline** 버튼(❹)을 클릭해 독자의 소스 코드 저장소용 파이프라인을 생성한다.

만약 깃 서버를 사내에서 운영하는 것이 중요하다면 다른 대안이 있는데 바로 깃랩이며, 시도해볼 만한 가치가 있다. 이 서비스도 깃 기반의 소스 관리 시스템이다. 여러 제품이 포함된 패키지 서비스인 깃랩을 구성하면 깃 서버 하나만 운영하는 것보다 나을 수 있다.

참고로, 독자가 원한다면 이후에 다른 저장소 연결을 설명하는 몇 개 절을 건너뛰고 '비주얼 파이프라인 에디터 사용하기' 절로 바로 넘어가도 된다.

블루오션 파이프라인과 깃허브 저장소 연결

블루오션과 깃허브의 연결은 깃허브의 개인 액세스 토큰만 있으면 쉽게 할 수 있다. 이번에는 깃허브에서 호스팅 중인 저장소와 블루오션을 연결하는 방법을 살펴보자.

'코드를 어디에 저장합니까?'에 대한 답변으로 **GitHub**를 선택한다(그림 3–16 참조).

▲ 그림 3–16 블루오션과 깃허브 연결

화면에 깃허브 액세스 토큰을 입력하는 항목이 나타난다. 파이프라인 생성 마법사에서는 깃허브를 사용하는 경우, 깃허브의 모든 저장소를 보여준 후 고를 수 있도록 하기 때문에 저장소 URL을 붙여넣지 않아도 된다.

깃허브 액세스 토큰을 찾아 텍스트 필드(❶)에 붙여넣는다(그림 3–17 참조). 그런 다음, Connect 버튼(❷)을 클릭해, 깃허브로 블루오션에 접속한다.

▲ 그림 3–17 토큰을 사용해 깃허브에 접속하기

이전에 깃허브 개인 액세스 토큰을 사용한 적이 없어도 큰 문제는 없다. 그림 3-17처럼 Create an access token here 링크를 클릭한다. 그러면 깃허브 계정의 Personal Access Token 페이지로 이동하며, 여기서 목적에 맞는 개인 액세스 토큰을 생성할 수 있다.

하지만 토튼 생성이 처음인 신규 사용자를 위해 깃허브에서 개인 액세스 토큰을 만드는 방법도 살펴보겠다.

개인 액세스 토큰 만들기

깃허브 계정에 로그인한다. 그리고 메뉴바의 오른쪽 부분에 위치한 사용자 계정을 클릭한다. 드롭다운 메뉴가 나타나면 **Settings**를 클릭한다(그림 3-18 참조).

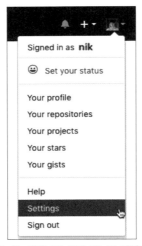

▲ 그림 3-18 깃허브의 설정 메뉴로 연결되는 링크

이제 Personal setting 페이지가 나타난다. 이 페이지의 Personal settings 사이드바에서 Developer settings를 클릭한다. 해당 페이지가 나타나면 사이드바 메뉴에서 Personal access tokens를 클릭한다.

개인 액세스 토큰을 생성하는 게 처음이라면 그림 3-19와 같은 내용이 표시된다.

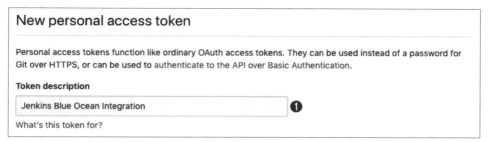

▲ 그림 3-19 신규 개인 액세스 토큰에 대한 설명 추가

토큰의 이름을 Token description 필드(❶)에 입력한다.

그리고 같은 페이지의 Select scopes 섹션에서 그림 3-20처럼 필수 범위가 정의됐는지 확인한다.

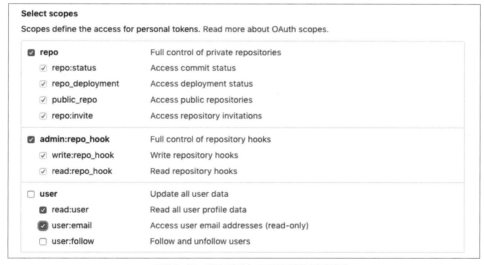

▲ 그림 3-20 개인 액세스 토큰의 범위 정의하기

그림 3-20처럼 체크를 해야만 젠킨스 블루오션과 깃허브가 연동하는 데 문제가 발생하지 않는다. 일단 신규 토큰에 필요한 범위 선택을 끝낸 후에는, 화면 아래에 있는 Generate token 버튼을 클릭해 토큰을 생성한다(그림 3-20에는 버튼이 보이지 않는다).

그림 3-21처럼 새로 생성된 토큰이 나타난다. 링크(❶)를 클릭해 토큰을 클립보드로 복사한다. Delete 버튼(❷)을 클릭해 현재 토큰을 취소할 수도 있다. Revoke all 버튼(❸)을 사용하면 이전에 생성한 모든 토큰이 삭제된다.

▲ 그림 3-21 새로 생성된 개인 액세스 토큰

깃허브 저장소 선택하기

깃허브 개인 액세스 토큰을 입력하면, 젠킨스에서 깃허브 계정으로 연결 시도를 한다. 그러면 깃허브 계정에서 검색 가능한 모든 조직의 목록을 보여준다. 그중 하나를 선택(❶)해야 한다(그림 3-22 참조).

▲ 그림 3-22 깃허브 조직 선택

원하는 조직을 선택하면 젠킨스는 선택된 조직에 있는 모든 저장소의 목록을 보여준다
(그림 3-23 참조).

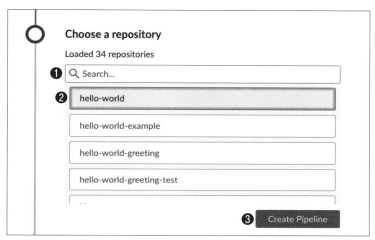

▲ 그림 3-23 깃허브 저장소 선택하기

Search 필드(❶)를 사용해 원하는 저장소를 검색할 수 있다. 원하는 저장소를 찾으면 해
당 목록(❷)을 선택한다. Create Pipeline 버튼(❸)을 클릭해 파이프라인을 생성한다.

참고로, 독자가 원한다면 이후에 다른 저장소 연결을 설명하는 몇 개 절을 건너뛰고 '비
주얼 파이프라인 에디터 사용하기' 절로 바로 넘어가도 된다.

블루오션 파이프라인과 비트버킷 저장소 연결

블루오션과 비트버킷 연결은 깃허브만큼이나 쉽다. 이번 절에서는 비트버킷에서 호스팅
중인 저장소와 블루오션을 연결하는 방법을 살펴본다.

'코드를 어디에 저장합니까?'에 대한 답변으로 Bitbucket Cloud를 선택한다(그림 3-24 참조).

Where do you store your code?
Bitbucket Cloud
Bitbucket Server
GitHub
GitHub Enterprise
Git

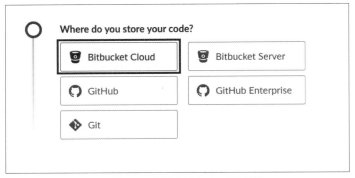

▲ 그림 3-24 블루오션과 비트버킷 연결

화면에 비트버킷 자격 증명을 입력하는 화면이 나타난다(그림 3-25 참조). Username(❶)과 Password(❷) 필드에 비트버킷 자격 증명을 각각 추가한다. 비트버킷과 블루오션을 연결하기 위해 Connect 버튼(❸)을 클릭한다.

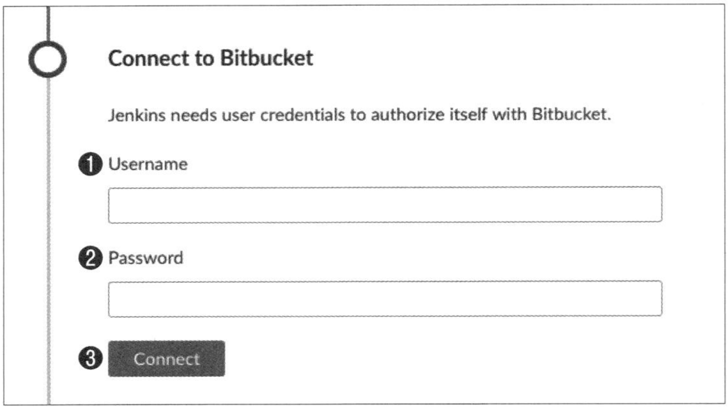
Connect to Bitbucket
Jenkins needs user credentials to authorize itself with Bitbucket.
❶ Username
❷ Password
❸ Connect

▲ 그림 3-25 비트버킷 계정에 연결

비트버킷 저장소 선택

Connect를 클릭하면, 젠킨스에서 비트버킷 계정으로 연결 시도를 한다. 그리고 비트버킷 계정에서 검색 가능한 모든 팀의 목록을 보여준다. 그중 하나(❶)를 선택해야 한다(그림 3-26 참조).

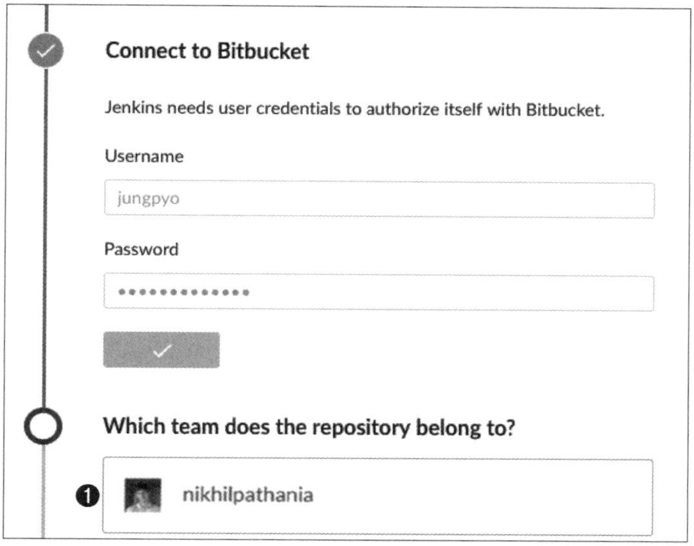

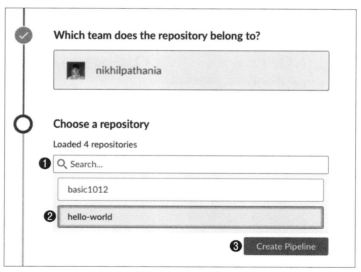

Connect to Bitbucket

Jenkins needs user credentials to authorize itself with Bitbucket.

Username

jungpyo

Password

• • • • • • • • • • • •

Which team does the repository belong to?

❶ nikhilpathania

▲ 그림 3-26 비트버킷 팀 선택하기

원하는 팀을 선택하면 젠킨스는 선택된 팀에 있는 모든 저장소의 목록을 보여준다(그림 3-27 참조).

Which team does the repository belong to?

nikhilpathania

Choose a repository

Loaded 4 repositories

❶ 🔍 Search...

basic1012

❷ hello-world

❸ Create Pipeline

▲ 그림 3-27 비트버킷 저장소 선택하기

Search 필드(❶)를 사용해 원하는 저장소를 검색할 수 있다. 원하는 저장소를 찾으면 해당 목록(❷)을 선택한다. Create Pipeline 버튼(❸)을 클릭해 파이프라인을 생성한다.

참고로, 독자가 원한다면 이후에 다른 저장소 연결을 설명하는 몇 개 절을 건너뛰고 '비주얼 파이프라인 에디터 사용하기' 절로 바로 넘어가도 된다.

블루오션 파이프라인과 깃랩 저장소 연결

블루오션 파이프라인과 깃랩 저장소의 연결은 앞에서 다룬 깃 서버 연동과 비슷하다. 다만, 깃랩 연동의 경우 절차가 좀 더 쉽고 직관적이라는 장점이 있다.

깃랩 서버(클라우드 또는 자체 설치)에서는 기본적으로 HTTP/HTTPS와 SSH 인증 방식을 모두 지원하므로, 깃랩 서버에서 별도의 구성을 할 필요는 없다. 그리고 깃랩의 경우, '코드를 어디에 저장합니까?'에 대한 답변으로 Git을 선택한다. 그 외에 블루오션에서 깃랩용으로 요구하는 옵션은 현재 없다(그림 3-28 참조).

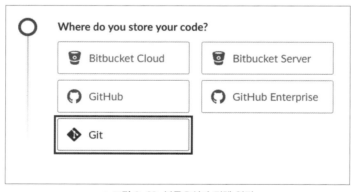

▲ 그림 3-28 블루오션과 깃랩 연결

화면에 저장소의 URL을 입력하라는 메시지가 표시된다. 저장소의 SSH URL이나 HTTP/HTTPS를 붙여넣는다. 그러나 인증 방식은 각기 다르므로, 하나씩 살펴보자.

HTTP/HTTPS 인증 방식

HTTP/HTTPS 인증을 사용하려면, Repository URL 필드(❶)에 저장소 URL을 입력한다 (그림 3-29 참조).

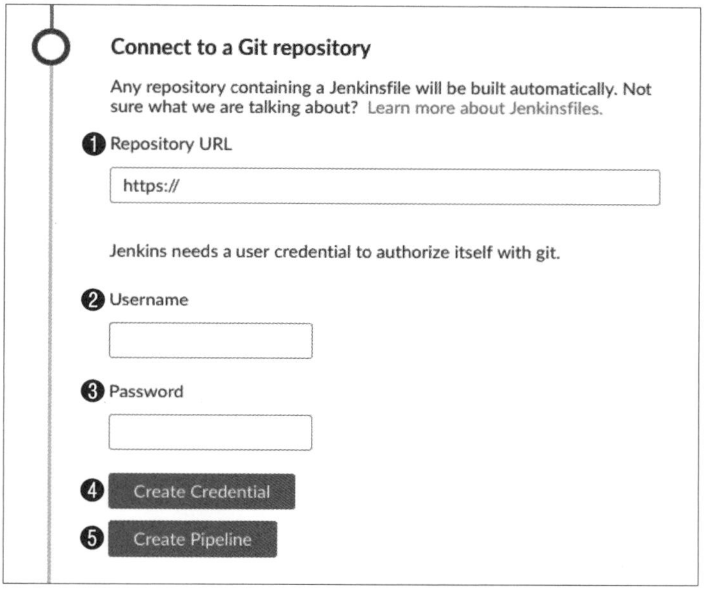

Connect to a Git repository

Any repository containing a Jenkinsfile will be built automatically. Not sure what we are talking about? Learn more about Jenkinsfiles.

❶ Repository URL

```
https://
```

Jenkins needs a user credential to authorize itself with git.

❷ Username

❸ Password

❹ Create Credential

❺ Create Pipeline

▲ 그림 3-29 HTTP/HTTPS 인증 방식

Username(❷)과 Password(❸) 필드에 깃랩 자격 증명을 각각 추가하고, Create Credential 버튼(❹)을 클릭한다. 그러면 젠킨스에 자격 증명이 저장된다. 그리고 모든 과정이 문제 없이 수행됐다면 Create Pipeline 버튼(❺)을 클릭해 독자의 소스 코드 저장소용 파이프라인을 생성한다.

SSH 인증 방식

SSH 인증을 사용하려면, Repository URL 필드(❶)에 저장소의 SSH URL을 입력한다. 그러면 공개 SSH 키(❷)가 생성된다(그림 3-30 참조).

▲ 그림 3-30 공개 SSH 키 생성

깃랩 서버에서 공개 SSH 키를 구성해야 하므로, 다음 단계를 따라간다.

1. 깃랩 서버에 로그인한다.

2. 상단 메뉴바에서 사용자 계정을 클릭한다. 드롭다운 메뉴가 나타나면 **Settings**를 클릭
   한다(그림 3-31 참조).

▲ 그림 3-31 깃랩의 설정 메뉴로 연결되는 링크

3. User Settings 페이지가 나타나면, 좌측 사이드바에서 **SSH Keys**를 클릭한다. 여기서
   개인 SSH 키를 깃랩 서버에 추가하는 옵션을 볼 수 있다(그림 3-32 참조).

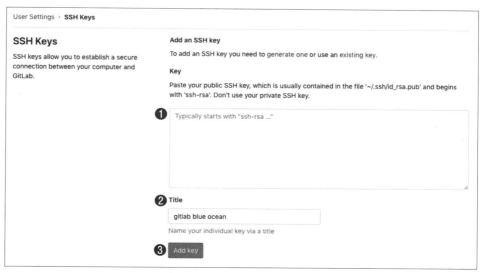

▲ 그림 3-32 개인 SSH 키를 깃랩에 추가하기

젠킨스 블루오션에서 생성한 공개 SSH 키를 Key 필드의 텍스트 입력상자(❶)에 붙여넣는다. Title 필드(❷)에다 의미 있는 SSH 키 제목을 입력한다. Add key 버튼을 클릭해 SSH 키를 저장한다.

▲ 그림 3-33 깃랩에 저장한 공개 SSH 키

깃랩 서버에서 블루오션이 생성한 공개 SSH 키를 구성한 후에는 Create Pipeline 버튼(❹)을 클릭해(그림 3-30 참조) 독자의 소스 코드 저장소용 파이프라인을 생성한다.

참고로, 독자가 원한다면 다음 절을 건너뛰고 '비주얼 파이프라인 에디터 사용하기' 절로 바로 넘어가도 된다.

젠킨스에서 저장소 연결용으로 저장한 자격 증명 보기

지금까지 젠킨스 블루오션과 여러 저장소를 연결하는 과정에서 깃허브/깃/깃랩/비트버킷 계정의 자격 증명을 젠킨스에 제공했다.

젠킨스는 이렇게 제공받은 사용자 계정의 모든 자격 증명을 저장한다. 이렇게 저장된 자격 증명을 보거나 수정하려면, 표준 젠킨스 대시보드의 오른쪽 윗부분에 있는 사용자 계정 옆 드롭다운 메뉴(❶)를 클릭한다. 그리고 Credentials(❷)를 클릭하면, 저장된 모든 자격 증명을 확인할 수 있다(그림 3-34 참조).

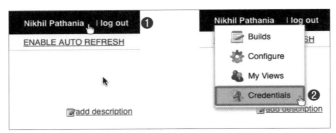

▲ 그림 3-34 젠킨스에 저장된 저장소용 자격 증명 보기

비주얼 파이프라인 에디터 사용하기

이전 절에서는 젠킨스 블루오션과 다양한 유형의 소스 코드 저장소를 연결하는 방법을 배웠다. 이 과정이 파이프라인 생성 마법사의 첫 번째 부분이었다. 나머지 과정은 비주얼 파이프라인 에디터를 사용해 파이프라인을 설계하는 과정이며, 이번 절에서 다루고자 한다. 미리 순서를 살펴보자면 다음 과정을 통해 젠킨스 블루오션 파이프라인을 생성하려고 한다.

- 깃허브 저장소에서 소스 코드 다운로드
- 빌드 및 테스트
- 파이프라인 테스트 페이지에 테스트 결과 발행
- 빌드 산출물을 젠킨스 블루오션에 업로드

비주얼 파이프라인 에디터는 주로 사용자 인터페이스를 조작하기 때문에 설명 과정에서 스크린샷을 많이 사용할 예정이다. 각 수행 단계에서 적어도 1개 이상의 스크린샷을 사용해 독자의 이해를 돕고자 한다.

이제 Create Pipeline 버튼을 클릭해 시작해보자.

글로벌 에이전트 할당

생성하려는 파이프라인은 두 단계로 구성되는데, 각 단계는 도커 컨테이너에서 실행돼야 한다. 스테이지 설정에서 각 단계별 에이전트를 따로 정의한다.

그러므로 파이프라인의 글로벌 에이전트 설정을 '없음'으로 유지한다. 이를 위해 Agent 필드의 옵션값으로 none을 선택한다(그림 3-35 참조).

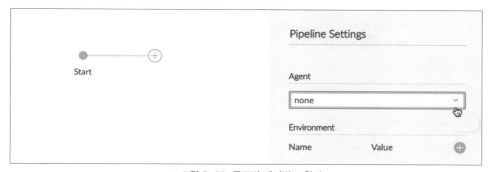

▲ 그림 3-35 글로벌 에이전트 할당

현재 비주얼 파이프라인 에디터로는 전역 범위의 에이전트와 환경 변수만을 정의할 수 있다.

▼ 지금까지 작성한 파이프라인 코드

```
pipeline {
  agent none
}
```

Build & Test 스테이지 생성

그림 3-36처럼 더하기(+) 아이콘을 클릭해 스테이지를 생성한다.

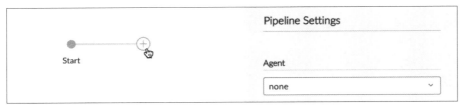

▲ 그림 3-36 Build & Test 스테이지 추가

스테이지에 **Build & Test(❶)**라는 이름을 입력한다(그림 3-37 참조). 오른쪽의 구성 패널을 변경하면 왼쪽의 시각화 부분에도 변경이 생기는 것을 알 수 있다.

▲ 그림 3-37 스테이지 이름 지정

▼ 지금까지 작성한 파이프라인 코드

```
pipeline {
  agent none
  stages {
    stage('Build & Test') {
    }
  }
}
```

스텝 추가

Build & Test 스테이지에 몇 개의 스텝을 추가해보자. 스텝을 추가하려면 **+ Add step** 버튼을 클릭한다(그림 3–38 참조).

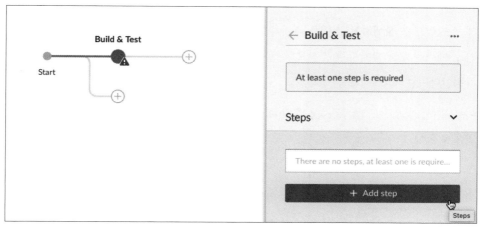

▲ 그림 3-38 신규 스텝 추가

구성 패널을 보면 젠킨스 블루오션에서 사용 가능한 스텝 목록(❸)이 나타난다. 이 목록은 블루오션을 지원하는 플러그인이 설치될 때마다 점점 늘어난다(그림 3-39 참조).

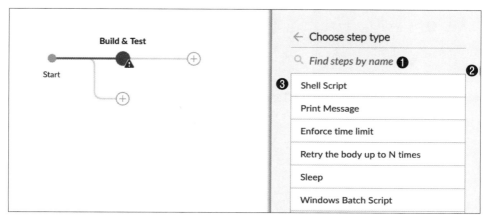

▲ 그림 3-39 사용 가능한 스텝의 목록

여기서 검색 필드(❶)를 이용하면 스텝을 검색할 수 있다. 또한 사용 가능한 스텝 목록을 보려면 스크롤바(❷)를 사용한다.

셸 스크립트 스텝 추가

셸 스크립트를 실행하는 스텝을 추가해보자. 현재 소스 코드는 메이븐 프로젝트이고, 젠킨스 에이전트의 셸에서 최종적으로 실행 예정인 mvn 명령어로 빌드와 테스트를 한다고 가정한다.

이를 위해 검색 필드(❶)를 사용해 Shell Script 스텝(❷)을 찾는다(그림 3-40 참조). 찾았으면 클릭한다.

▲ 그림 3-40 셸 스크립트 스텝 추가

셸 명령어를 붙여넣을 수 있는 텍스트 필드가 나타난다(그림 3-41 참조). 다음 코드를 텍스트 필드(❶)에 붙여넣는다. 이 코드는 소스 코드에서 패키지를 빌드하고 테스트하여 생성하는 메이븐 명령어다.

```
mvn -Dmaven.test.failure.ignore clean package
```

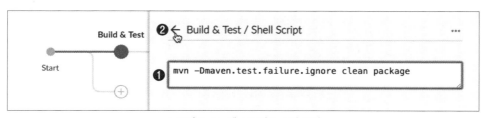

▲ 그림 3-41 셸 스크립트 스텝 구성

그리고 이전 화살표(❷)를 클릭하면 현재 구성에서 빠져나온다.

Steps 섹션 아래에 Shell Script 스텝(❶)이 보여야 한다(그림 3-42 참조).

▲ 그림 3-42 스테이지의 스텝 목록

▼ 지금까지 작성한 파이프라인 코드

```
pipeline {
  agent none
  stages {
    stage('Build & Test') {
      steps {
        sh 'mvn -Dmaven.test..failure.ignore clean package'
      }
    }
  }
}
```

다음으로는, 메이븐 명령어로 생성한 빌드 패키지와 테스트 리포트를 임시 보관[stash]하는 스텝을 추가한다. 이를 위해 그림 3-42처럼 **+ Add step** 버튼을 클릭한다.

Stash 스텝을 추가해 스테이지 간 산출물 전달하기

젠킨스에서는 스테이지 간 산출물을 전달하기 위한 임시 보관 기능을 사용할 수 있다. 이번 절에서는 Build & Test 스테이지에 두 번째 스텝을 생성해 빌드 패키지와 테스트 리포트를 임시 보관해보자. 이렇게 보관된 결과물은 젠킨스 블루오션 파이프라인의 후속 단계에서 사용된다.

이를 위해 검색 필드(❶)를 사용해 Stash some files to be used later in the build 스텝(❷)을 검색한다(그림 3-43 참조). 찾았으면 클릭한다.

▲ 그림 3-43 Stash 스텝 추가

Stash some files to be used later in the build 스텝의 구성은 그림 3-44에서 보는 바와 같다.

Name* 필드(❶)에 'build-test-artifacts'라는 값을 추가한다. 이 항목은 필수 항목이다. 다음 내용을 Includes 필드(❷)에 입력한다.

**/target/surefire-reports/TEST-*.xml,target/*.jar

이렇게 구성하면 젠킨스에게 대상 디렉토리의 모든 .jar 파일(빌드 패키지)과 빌드 에이전트상의 **/target/surefire-reports/ 디렉토리에 있는 TEST-*.xml 파일(테스트 리포트)을 임시로 보관한다.

이어서 이전 화살표(❸)를 클릭해, 현재 화면에서 나간다.

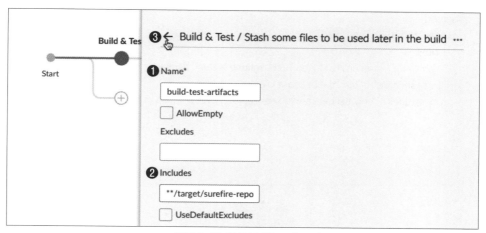

▲ 그림 3-44 임시 보관용 스텝 구성

그림 3-45처럼 Steps 섹션 아래에 Stash some files to be used later in the build 스텝(❶)
이 나타난 것을 볼 수 있다.

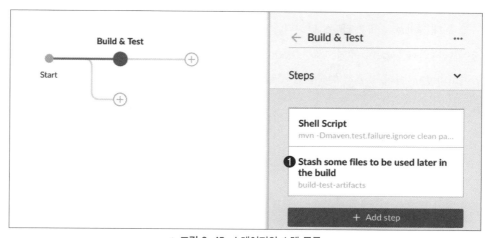

▲ 그림 3-45 스테이지의 스텝 목록

▼ 지금까지 작성한 파이프라인 코드

```
pipeline {
  agent none
```

```
  stages {
    stage('Build & Test') {
      steps {
        sh 'mvn -Dmaven.test.failure.ignore clean package'
        stash(name: 'build-test-artifacts', \
        includes: '**/target/surefire-reports/TEST-*.xml,target/*.jar')
      }
    }
  }
}
```

Build & Test 스테이지용 에이전트 지정

다음으로 Build & Test 스테이지용 빌드 에이전트를 지정한다. 에이전트로는 도커 컨테이너를 이용하며, 도커 컨테이너는 젠킨스에 의해 자동으로 생성된다. 일단 스테이지가 완료되면 젠킨스는 컨테이너를 제거한다.

이를 위해 Settings 섹션(❶)을 펼친다(그림 3-46 참조). 그러면 구성이 필요한 몇 개의 옵션이 나타난다. Agent 유형으로는 node를 선택하고(❷), Label* 필드에는 'docker'라고 입력한다(❸). 이어서 이전 화살표를 클릭해, 현재 화면을 벗어난다.

▲ 그림 3-46 스테이지에 에이전트 지정

이렇게 구성하면 젠킨스는 docker라는 이름을 가진 에이전트를 검색한다. 3장의 앞부분에서 젠킨스의 도커 플러그인을 구성했던 것이 기억나는가? Docker Agent Template을 구성하는 도중에 docker 레이블을 지정했다. 그림 3-10a를 참조한다.

▼ 지금까지 작성한 파이프라인 코드

```
pipeline {
  agent none
  stages {
    stage('Build & Test') {
      agent {
        node {
          label 'docker'
        }
      }
      steps {
        sh 'mvn -Dmaven.test.failure.ignore clean package'
        stash(name: 'build-test-artifacts', \
        includes: '**/target/surefire-reports/TEST-*.xml,target/*.jar')
      }
    }
  }
}
```

Report & Publish 스테이지 생성

Report & Publish라는 스테이지를 추가해 파이프라인의 Tests 페이지에는 테스트 결과를 발행하고, Artifacts 페이지에는 빌드된 패키지를 발행하도록 해보자.

이를 위해 그림 3-47처럼 더하기(+) 아이콘을 클릭한다.

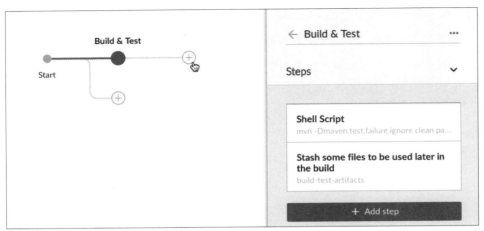

▲ 그림 3-47 Report & Publish 스테이지 생성

새로운 스테이지에 Report & Publish(❶)라는 이름을 입력한다(그림 3-48 참조).

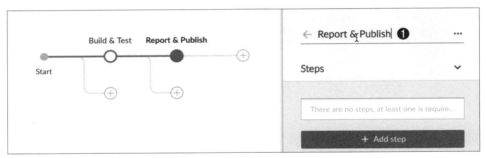

▲ 그림 3-48 스테이지 이름 입력

새로운 스테이지인 Report & Publish에 몇 가지 스텝을 추가해보자.

▼ 지금까지 작성한 파이프라인 코드

```
pipeline {
  agent none
  stages {
    stage('Build & Test') {
      agent {
```

```
    node {
      label 'docker'
    }
  }
  steps {
    sh 'mvn -Dmaven.test.failure.ignore clean package'
    stash(name: 'build-test-artifacts', \
    includes: '**/target/surefire-reports/TEST-*.xml,target/*.jar')
  }
}
stage('Report & Publish') {

}
  }
}
```

Un-Stash 스텝 추가

Report & Publish 스테이지에서 작업을 하기 전에 이전 스테이지에서 임시 보관한 파일들을 가져오는 것이 매우 중요하다. 이를 위해 Un-Stash 스텝을 추가해보자.

스텝 추가를 위해 **+ Add step** 버튼을 클릭한다(그림 3-49 참조).

▲ 그림 3-49 앞에서 임시 보관한 파일 복구를 위한 스텝 추가

다음으로 검색 필드(❶)를 사용해 Restore files previously stashed 스텝(❷)을 찾는다(그림 3-50 참조). 찾았으면 클릭한다.

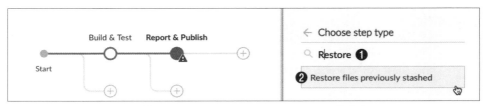

▲ 그림 3-50 Restore files previously stashed 스텝 추가

Name* 텍스트 필드(❶)에 Stash 스텝 생성 시 입력했던 이름을 정확히 붙여넣어야 한다 (그림 3-51 참조).

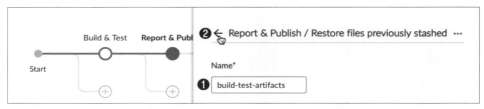

▲ 그림 3-51 Restore files previously stashed 스텝 구성

다음으로 이전 화살표(❷)를 클릭해 현재 구성에서 빠져나온다.

그림 3-52처럼 Steps 섹션 아래에 Restore files previously stashed 스텝(❶)이 표시된다.

▲ 그림 3-52 스테이지용 스텝 목록

▼ 지금까지 작성한 파이프라인 코드

```
pipeline {
  agent none
  stages {
    stage('Build & Test') {
      agent {
        node {
          label 'docker'
        }
      }
      steps {
        sh 'mvn -Dmaven.test.failure.ignore clean package'
        stash(name: 'build-test-artifacts', \
        includes: '**/target/surefire-reports/TEST-*.xml,target/*.jar')
      }
    }
    stage('Report & Publish') {
      steps {
        unstash 'build-test-artifacts'
      }
    }
  }
}
```

테스트 결과 리포트

지금까지 이전 스테이지인 Build & Test에서 필요한 파일을 복원하는 스텝을 현재 스테이지에 추가했다.

임시 저장한 항목 중에는 파이프라인의 Tests 페이지에 발행할 JUnit의 테스트 결과인 .xml 파일이 있다. 이 때문에 Archive Junit-formatted test results라는 스텝을 추가해야 한다.

이를 위해 **+ Add step** 버튼을 클릭한다(그림 3-52 참조). 다음으로 검색 필드(❶)를 사용해
Archive Junit-formatted test results 스텝(❷)을 찾는다(그림 3-53 참조). 찾았으면 클릭한다.

▲ **그림 3-53** Archive Junit-formatted test results 스텝 추가

그러면 구성이 필요한 몇 개의 옵션이 나타난다(그림 3-54 참조). **TestResults*** 필드(❶)에
JUnit 테스트 결과 파일까지의 경로를 입력한다. 이 예제의 경우는 **/target/surefire-
reports/TEST-*.xml이다. 나머지 옵션은 기본값으로 두고, 이전 화살표(❷)를 클릭해
현재 구성에서 빠져나온다.

▲ **그림 3-54** Archive Junit-formatted test results 스텝 구성

임시 보관 및 복원은 해당 파일의 경로를 유지한다는 것을 잊지 않도록 하자.

그림 3-55처럼 **Steps** 섹션 아래에 Archive Junit-formatted test results 스텝(❶)이 표시
된다.

▲ 그림 3-55 스테이지용 스텝 목록

▼ 지금까지 작성한 파이프라인 코드

```
pipeline {
  agent none
  stages {
    stage('Build & Test') {
      agent {
        node {
          label 'docker'
        }
      }
      steps {
        sh 'mvn -Dmaven.test.failure.ignore clean package'
        stash(name: 'build-test-artifacts', \
        includes: '**/target/surefire-reports/TEST-*.xml,target/*.jar')
      }
    }
    stage('Report & Publish') {
      steps {
        unstash 'build-test-artifacts'
        junit '**/target/surefire-reports/TEST-*.xml'
      }
    }
  }
}
```

블루오션에 산출물 업로드

다음으로 파이프라인의 Artifacts 페이지에 빌드된 패키지를 업로드하는 스텝을 추가해보자. 복원된 파일에는, 빌드된 패키지인 .jar 파일도 있다.

이를 파이프라인 Artifacts 페이지에 업로드하려면, Archive the artifacts 스텝을 사용해야한다.

이를 위해 **+ Add step** 버튼을 클릭한다(그림 3–55 참조). 다음으로 검색 필드(❶)를 사용해 Archive the artifacts 스텝(❷)을 찾는다(그림 3–56 참조). 찾았으면 클릭한다.

▲ **그림 3–56** Archive the artifacts 스텝 추가

그러면 구성이 필요한 몇 개의 옵션이 나타난다(그림 3–57 참조). **Artifacts*** 필드(❶)에 빌드된 패키지 파일의 경로를 입력한다. 이 예제의 경우는 target/*.jar이다. OnlyIfSuccessful 옵션(❷)을 선택해 파이프라인 상태가 녹색이나 노란색인 경우에만 산출물을 업로드하도록 한다.

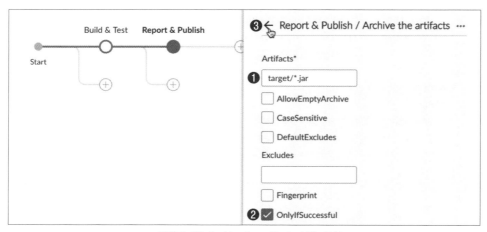

▲ **그림 3–57** Archive the artifacts 스텝 구성

나머지 옵션은 기본값으로 두고, 이전 화살표(❸)를 클릭해 현재 구성에서 빠져나온다.

그림 3-58처럼 Steps 섹션 아래에 Archive the artifacts 스텝(❶)이 표시된다.

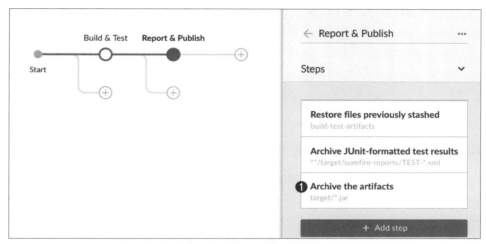

▲ 그림 3-58 스테이지용 스텝 목록

▼ 지금까지 작성한 파이프라인 코드

```
pipeline {
  agent none
  stages {
    stage('Build & Test') {
      agent {
        node {
          label 'docker'
        }
      }
      steps {
        sh 'mvn -Dmaven.test.failure.ignore clean package'
        stash(name: 'build-test-artifacts', \
        includes: '**/target/surefire-reports/TEST-*.xml,target/*.jar')
      }
    }
    stage('Report & Publish') {
```

```
    steps {
      unstash 'build-test-artifacts'
      junit '**/target/surefire-reports/TEST-*.xml'
      archiveArtifacts(artifacts: 'target/*.jar', \
      onlyIfSuccessful: true)
    }
  }
 }
}
```

Report & Publish 스테이지용 에이전트 지정

다음으로 Report & Publish 스테이지용 빌드 에이전트를 지정한다. 에이전트는 젠킨스에 의해 자동으로 생성되는 도커 컨테이너다. 일단 스테이지가 완료되면 젠킨스는 컨테이너를 제거한다.

이를 위해 Settings 섹션(❶)을 펼친다(그림 3-59 참조). 그러면 구성이 필요한 몇 개의 옵션이 나타난다. Agent 유형으로는 node를 선택하고(❷), Label* 필드에는 'docker'라고 입력한다(❸). 이전 화살표를 클릭해 현재 구성에서 빠져나온다.

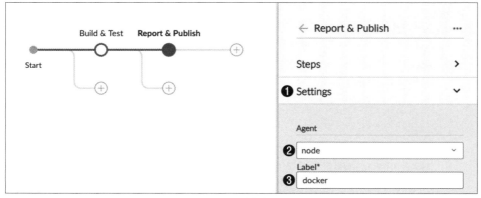

▲ 그림 3-59 스테이지에 에이전트 지정

```
pipeline {
  agent none
  stages {
    stage('Build & Test') {
      agent {
        node {
          label 'docker'
        }
      }
      steps {
        sh 'mvn -Dmaven.test.failure.ignore clean package'
        stash(name: 'build-test-artifacts', \
        includes: '**/target/surefire-reports/TEST-*.xml,target/*.jar')
      }
    }
    stage('Report & Publish') {
      agent {
        node {
          label 'docker'
        }
      }
      steps {
        unstash 'build-test-artifacts'
        junit '**/target/surefire-reports/TEST-*.xml'
        archiveArtifacts(artifacts: 'target/*.jar', \
        onlyIfSuccessful: true)
      }
    }
  }
}
```

이제 파이프라인 생성이 완료됐다. 변경사항을 저장하려면 **Save** 버튼을 클릭한다(그림 3-60 참조).

▲ 그림 3-60 Save 버튼을 눌러 변경사항을 저장

Save 버튼을 클릭하면, 백엔드에서 젠킨스가 사용자 인터페이스 구성을 선언형 파이프라인 구문에 맞춰 젠킨스 파일로 변환한다.

다음으로, 새로운 젠킨스 파일을 소스 코드 저장소에 체크인할 것인지를 묻는 팝업 창이 나타난다(그림 3-61 참조). 커밋 메시지에 해당하는 의미 있는 설명을 Description 필드(❶)에 추가한다. 변경사항을 마스터 브랜치에 반영하겠다는 의미로 Commit to master(❷)를 선택한다. 마지막으로, 커밋을 실행하기 위해 Save & run 버튼을 클릭하면, 젠킨스 블루오션에서 파이프라인이 실행된다.

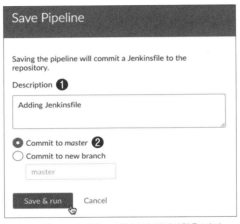

▲ 그림 3-61 파이프라인 구성 변경사항을 커밋

파이프라인 시각화 사용

젠킨스 블루오션의 파이프라인 시각화 기능을 사용하면 파이프라인의 실행 상황과 로그 기록, 실행에 따른 변경사항과 테스트 결과, 산출물 그리고 최종적으로는 전체 상황을 볼 수 있다.

파이프라인 실행이 끝나면, 스텝별, 스테이지별, 파이프라인별로 로그를 검사할 수 있다. 방대한 양의 로그를 생성하는 표준 젠킨스에 비해, 파이프라인 시각화 기능은 스테이지와 스텝별로 분리되기 때문에 로그를 탐색하는 것이 훨씬 편리하다.

이번 절에서는 파이프라인의 실행을 시각화하는 내용만을 다룬다. 이를 통해 블루오션의 파이프라인 시각화 요소를 자세히 알아보고자 한다.

파이프라인 실행 취소

앞부분 예제의 마지막 부분에서 다시 시작하기로 하자. **Save & run** 버튼을 클릭하면, 소스 코드 저장소에 젠킨스 파일을 저장한 후, 파이프라인이 실행된다.

실행 즉시 화면은 프로젝트 대시보드로 변경되며, 현재 실행 중인 파이프라인의 상태를 보여준다. 그림 3-62를 보면 example-maven-project(①)라는 이름의 깃허브 저장소용 파이프라인이 실행되는 것을 볼 수 있다.

프로젝트의 **Activity** 페이지(⑥)에서는 전체 빌드(실행 중, 완료, 취소)의 목록을 출력하며, 상태(②), 빌드 번호(③), 단축 커밋 해시(④), 진행 상황 메시지(⑤) 등 유용한 정보도 함께 보여준다.

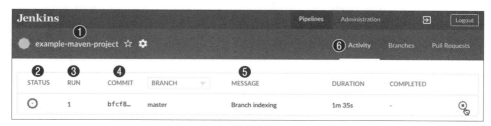

▲ 그림 3-62 블루오션에서 파이프라인 실행 취소

실행 중인 파이프라인의 빌드를 중단하려면, 그림 3-62처럼 중지 버튼을 사용한다.

파이프라인 재실행

example-maven-project는 의도적으로 일부 테스트에서 실패하도록 설계했다. 그 결과로 첫 번째 파이프라인 실행 과정에서 테스트에 실패했고, 노란색 배경에 느낌표 표시(①)가 나타났다(그림 3-63 참조). 또한 프로젝트 상태가 약간 흐릿해진 것을 볼 수 있다(③).

이 경우에, 수정 없이 파이프라인 재실행을 하고 싶다면 그림 3-63처럼 재실행 아이콘(❸)을 클릭한다.

▲ 그림 3-63 블루오션의 파이프라인 재실행

화면을 보면 젠킨스 블루오션에서 성공한 파이프라인이 어떻게 표시되는지 알 수 있다(그림 3-64 참조). 해당 항목을 클릭해 성공한 파이프라인 실행 항목을 자세히 살펴보자.

▲ 그림 3-64 성공한 블루오션 파이프라인

파이프라인 흐름도 사용

특정 파이프라인을 클릭하면 대시보드가 나타난다. 그림 3-65를 보면, 녹색 빌드(파이프라인 2번)의 대시보드를 볼 수 있다.

▲ 그림 3-65 파이프라인 흐름도 시각화

이 페이지에서는 파이프라인 실행에 대한 간략한 정보를 볼 수 있다(❶). 예를 들어, 파이프라인이 실행된 브랜치명, 실행 기간, 실행 시간, 수동 실행 여부 등이다.

정보 패널 아래에는 깔끔하고 멋진 파이프라인 흐름도(❷)가 나타나며, 각 항목을 클릭하여 해당 스텝의 정보를 볼 수 있다.

각 스테이지를 클릭하면 상세한 스텝이 나타난다(❸). 각 스텝을 확장하면 개별 로그를 볼 수도 있다. 지금부터는 로그 추적에 대해 좀 더 알아보자.

스텝별, 스테이지별, 파이프라인별 로그 추적

특정 스테이지의 전체 로그에 관심이 있다면, 그림 3-66처럼 open in new tab새 탭에서 열기 아이콘(❶)을 클릭한다. 그러면 새로운 탭이 열리면서 특정 스테이지의 전체 로그가 표시된다.

▲ 그림 3-66 개별 스텝의 빌드 로그

특정 스테이지의 로그를 다운로드하려면 **download** 아이콘(❷)을 클릭한다. 또한 특정 스텝의 로그를 펼쳐서 디버깅을 할 수도 있다. 이렇게 하려면 꺽쇠(>) 아이콘(❸)을 클릭한다.

전체 파이프라인 실행 로그를 얻으려면, Artifacts 페이지로 이동한 후, Using the Artifacts View 섹션을 참고한다.

테스트 뷰 사용

Tests 페이지는 특정 파이프라인의 테스트 결과를 보여준다(그림 3-67 참조). Tests 페이지는 파이프라인 안에서 테스트 결과를 업로드하는 스텝을 구성했을 경우에만 동작한다.

현재 젠킨스 블루오션에서는 JUnit과 Xunit 형식의 테스트 리포트를 지원한다.

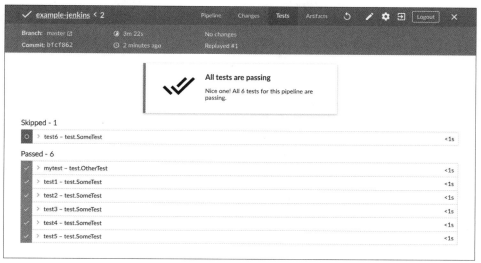

▲ 그림 3-67 파이프라인의 테스트 결과 페이지

모든 테스트를 통과한 파이프라인은 녹색으로 표시되며, 파이프라인의 다른 스테이지도 통과한 것으로 가정한다. 만약 테스트에 실패하면, 파이프라인은 노란색으로 바뀐다.

그림 3-68에서는 실패한 테스트가 있는 경우의 파이프라인 상태를 볼 수 있다. Tests 페이지 탭(❶)에는 몇 개의 테스트가 실패했는지도 표시된다. 또한 테스트 페이지에는 큰 ×자 표시(❷)와 함께 실패에 대한 간략한 요약 정보도 제공한다.

요약 정보 아래에는 테스트의 목록이 표시되며(❸), 실패한 테스트가 상위에 배치된다. 이는 실패한 테스트를 먼저 보고 싶어 하는 개발자의 성향을 고려한 직관적 배치라 할 수 있다. 그다음으로는 생략된 테스트가 배치되고, 마지막으로는 성공한 테스트가 표시된다 (❹). 각 테스트 항목을 확장하면 실패 내역에 대한 상세 내용을 볼 수 있다.

Tests 페이지에 보이는 내용은 모두 젠킨스에 설치된 JUnit 플러그인의 결과다. 젠킨스 블루오션 설치 시 플러그인을 설치하면 JUnit 플러그인도 함께 설치된다.

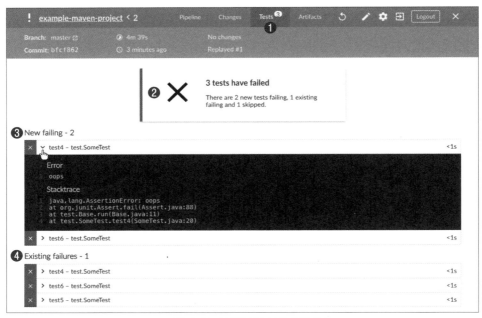

▲ 그림 3-68 실패한 테스트의 추적 결과

Artifacts 화면 사용

Artifacts 페이지는 특정 파이프라인의 모든 산출물을 보여준다(그림 3-69 참조).

Artifacts 페이지에는 실행 완료된 파이프라인의 로그(❶)가 기본적으로 포함된다. 또한 Archive the artifacts 스텝을 이용해 젠킨스에 업로드한 빌드 산출물(❷)도 볼 수 있다.

그러나 서버 용량과 성능에 악영향을 끼치는 문제 때문에, 젠킨스 서버에 빌드 산출물을 업로드하는 것은 권장하지 않는다.

불필요한 파이프라인 실행 결과를 주기적으로 삭제하는 것이 도움이 되긴 하지만, 더 좋은 방법은 아티팩토리[Artifactory]나 넥서스[Nexus] 같은 도구를 이용해 산출물을 관리하는 것이다.

Download All 버튼(④)을 클릭해 실행된 파이프라인의 모든 산출물을 다운로드하거나, 파이프라인별로 있는 download 아이콘(③)을 클릭해 해당 파이프라인의 산출물을 다운로드할 수 있다.

▲ 그림 3-69 파이프라인의 Artifacts 페이지

블루오션에서 기존 파이프라인 편집

이번 절에서는 기존 파이프라인을 젠킨스 블루오션에서 편집하는 방법을 배운다. 작업을 간단히 하기 위해 3장의 시작 부분에서 생성했던 파이프라인을 계속 활용하기로 하자.

그리고 학습의 재미를 높이고자 기존 파이프라인을 변경할 항목을 신중하게 선택했다. 즉, 기존 Report & Publish 스테이지 파이프라인에다 아티팩토리 서버에 산출물을 발행하는 병렬 스테이지를 추가해보자.

이번 절에서 수행할 작업은 다음과 같다.

- 도커로 아티팩토리 서버를 생성한다.
- 젠킨스에서 아티팩토리 플러그인을 설치하고 구성한다.
- 블루오션의 기존 파이프라인을 편집하고 병렬 스테이지를 추가한다.
- 변경사항을 마스터가 아닌 신규 브랜치에 저장해 블루오션의 멀티브랜치용 파이프라인을 확인한다.

아티팩토리 서버 실행

이번 절에서는 도커로 아티팩토리 서버를 생성하는 방법을 배운다. 아티팩토리는 소프트웨어 빌드 산출물을 관리하는 인기 있는 도구로, 커뮤니티 버전은 무료다. 다음 단계에 따라 설치해보자.

1. 도커 호스트에 로그인한다.

2. docker volume create 명령어를 사용해 아티팩토리 컨테이너로 사용할 artifactory_data라는 이름의 도커 볼륨을 생성한다. 도커 볼륨을 사용할 때의 장점에 대해서는 2장에서 이미 살펴봤다. 필요하면 sudo 명령어도 사용한다.

```
docker volume create --name artifactory_data
```

3. 아티팩토리용 도커 이미지를 다운로드한다. 아티팩토리 커뮤니티 버전 중 최신 버전을 다운로드한다.

```
docker pull \
docker.bintray.io/jfrog/artifactory-oss:latest
```

4. 아티팩토리용 도커 볼륨과 각 이미지를 사용해 아티팩토리 서버 컨테이너를 생성한다.

```
docker run --name artifactory -d \
-v artifactory_data:/var/opt/jfrog/ \
-p 8081:8081 \
docker.bintray.io/jfrog/artifactory-oss:latest
```

5. 문제없이 진행이 됐다면 다음 주소를 입력해 아티팩토리 서버에 접속할 수 있다.

http://〈도커 호스트 IP〉:8081/artifactory/webapp/#/home

6. 관리자 자격 증명(**예** 사용자명: admin, 비밀번호: password)을 사용해 아티팩토리 서버에
   로그인한다(그림 3-70 참조). 아티팩토리에서 제공하는 **example-repo-local**(❶)이라는
   이름의 기본 예제 저장소를 확인한다. 간편한 작업을 위해 이 저장소를 활용한다.

▲ 그림 3-70 아티팩토리 서버의 대시보드

젠킨스에 아티팩토리 플러그인 설치

아티팩토리 서버를 제대로 실행했다면, 다음으로 젠킨스용 아티팩토리 플러그인을 설치
해본다.

이를 위해 젠킨스 블루오션 대시보드나 프로젝트 대시보드에서, 그림 3-71처럼
Administration 링크(❶)를 클릭한다.

▲ 그림 3-71 젠킨스의 관리자 링크

Manage Jenkins 페이지에서 Manage Plugins 링크를 클릭한다. 그리고 Manage Plugins
페이지에서 Available 탭을 클릭한다. 다음으로 Filter 필드에서 'Artifactory'를 검색한다
(❶). 검색 결과가 나타나면, 항목을 선택하고(❷), Install without restart 버튼(❸)을 클릭
한다(그림 3-72 참조).

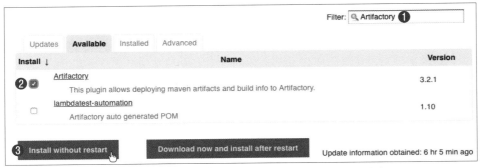

▲ 그림 3-72 젠킨스 플러그인 매니저로 아티팩토리 플러그인 설치

젠킨스가 플러그인 설치를 시작한다. 설치가 끝나면 Restart Jenkins when installation is complete and no jobs are running 옵션을 선택하여 젠킨스를 재시작할 수도 있으며, Go back to top page 옵션을 클릭하여 설치한 플러그인을 바로 시작할 수도 있다.

젠킨스에서 아티팩토리 플러그인 구성

아티팩토리 플러그인을 설치했다면 이제 환경 구성을 해야 한다. 표준 젠킨스 대시보드에서 Manage Jenkins > Configure System으로 이동한다. 구성 페이지에서 Artifactory 섹션까지 아래로 스크롤한다.

그림 3-73을 보면 아티팩토리 서버의 구성을 볼 수 있다. 이를 하나씩 살펴보자.

❶ Server ID: 아티팩토리 서버의 환경 구성을 식별할 수 있는 고유한 이름을 입력한다.

❷ URL: 아티팩토리 서버의 URL을 입력한다.

❸ Default Deployer Credentials: 아티팩토리에서 산출물을 업로드/다운로드할 수 있도록 젠킨스가 사용하는 기본 자격 증명을 입력한다.

❹ Test Connection: 버튼을 클릭하면 젠킨스와 아티팩토리 서버 사이의 연결을 테스트할 수 있다.

▲ 그림 3-73 아티팩토리 플러그인 구성

환경 구성이 끝나면, 페이지 하단의 **Apply & Save** 버튼을 클릭해 젠킨스에 구성을 저장한다.

이제 새로운 파이프라인 변경에 필요한 사전 작업을 완료했다. 지금부터 기존 젠킨스 블루오션 파이프라인을 편집하는 과정을 살펴본다.

젠킨스 블루오션 파이프라인 편집

이번 절에서는 비주얼 파이프라인 에디터로 기존 젠킨스 파이프라인을 편집하는 방법을 배운다.

파이프라인 편집을 시작하기 위해, 파이프라인 실행 대시보드로 이동해 메뉴바의 편집 아이콘(❶)을 클릭한다(그림 3-74 참조).

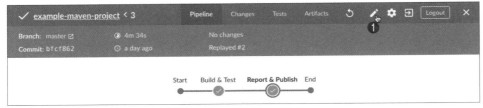

▲ 그림 3-74 블루오션 파이프라인 편집

비주얼 파이프라인 에디터가 열린다. 이제 스테이지와 스텝을 추가해보자.

Publish to Artifactory 스테이지 생성(병렬 스테이지)

기존 Report & Publish 스테이지에 병렬로 스테이지를 추가해본다. 이를 위해 그림 3-75
의 위치에서 더하기(+) 아이콘을 클릭한다.

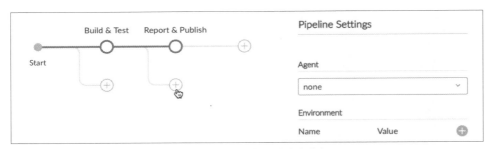

▲ 그림 3-75 새로운 스테이지 생성

구성 섹션의 필드(❶)에 새로운 스테이지 이름으로 Publish to Artifactory라고 입력한다(그
림 3-76 참조).

▲ 그림 3-76 스테이지 이름 입력

새로운 스테이지에서는 우선 이전 스테이지에서 감춘 파일을 다운로드한 후, 빌드 산출물을 아티팩토리 서버로 발행한다.

스크립트형 파이프라인 스텝 추가

두 가지 일을 수행하는 스크립트형 파이프라인 스텝을 추가해보자. 첫 번째로, 이전 스테이지에서 감춘 파일을 가져온다. 두 번째로, 아티팩토리 서버로 빌드 패키지를 업로드하는 Filespec을 실행한다.

이를 위해, **+ Add step** 버튼을 클릭한다(그림 3-76 참조). 그런 다음 검색 필드(❶)를 사용해 **Run arbitrary Pipeline script** 스텝을 찾는다(그림 3-77 참조). 찾았으면 클릭한다.

▲ 그림 3-77 스크립트형 파이프라인 스텝 추가

선택한 스크립트를 추가하는 텍스트 박스가 나타난다. 그림 3-78처럼 다음 코드를 텍스트 박스에 추가한다(❶).

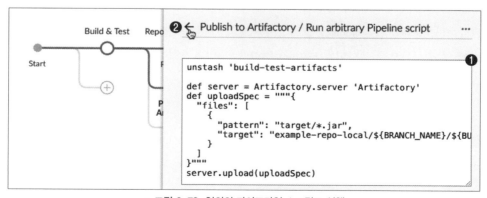

▲ 그림 3-78 임의의 파이프라인 스크립트 실행

```
unstash 'build-test-artifacts'

def server = Artifactory.server 'Artifactory'
def uploadSpec = """{
  "files": [
    {
      "pattern": "target/*.jar",
      "target": "example-repo-local/${BRANCH_NAME}/${BUILD_NUMBER}/"
    }
  ]
}"""
server.upload(uploadSpec)
```

이 코드가 무엇인지 살펴보자. 코드 라인 unstash 'build-test-artifacts'는 이전에 임시 저장된 패키지를 다운로드한다. 나머지 코드는 빌드 패키지 파일인 target/*jar를 example-repo-local이라는 아티팩토리 서버로 업로드하는 Filespec이다.

대상 경로에 브랜치명과 빌드 번호를 의미하는 젠킨스 전역 변수 ${BRANCH_NAME}과 ${BUILD_NUMBER}가 있다는 것에 주목하자. 이렇게 하면 파이프라인이 실행될 때마다 아티팩토리의 고유 경로에 빌드 산출물이 업로드된다.

다음으로 이전 화살표(❷)를 클릭해, 현재 구성에서 빠져나온다.

Publish to Artifactory 스테이지용 에이전트 지정

다음으로 Publish to Artifactory 스테이지용 빌드 에이전트를 지정한다. 에이전트는 젠킨스에 의해 자동으로 생성되는 도커 컨테이너다. 일단 스테이지가 완료되면 젠킨스는 컨테이너를 제거한다.

이를 위해 Settings 섹션(❶)을 펼친다(그림 3-79 참조). 그러면 구성이 필요한 몇 개의 옵션이 나타난다. Agent 유형으로는 node를 선택하고(❷), Label* 필드에는 'docker'라고 입력한다(❸). 이전 화살표를 클릭해 현재 구성에서 빠져나온다.

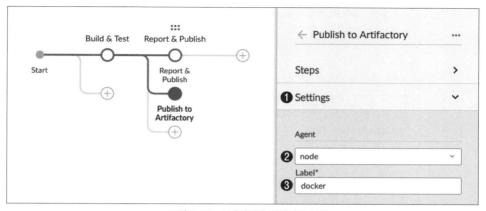

▲ 그림 3-79 스테이지에 에이전트 지정

이렇게 해서 파이프라인 편집을 마쳤다.

▼ 최종 파이프라인 코드

```
pipeline {
  agent none
  stages {
    stage('Build & Test') {
      agent {
        node {
          label 'docker'
        }
      }
      steps {
        sh 'mvn -Dmaven.test.failure.ignore clean package'
        stash(name: 'build-test-artifacts', \
        includes: '**/target/surefire-reports/TEST-*.xml,target/*.jar')
      }
    }
    stage('Report & Publish') {
      parallel {
        stage('Report & Publish') {
          agent {
            node {
```

```
            label 'docker'
          }
        }
        steps {
          unstash 'build-test-artifacts'
          junit '**/target/surefire-reports/TEST-*.xml'
          archiveArtifacts(onlyIfSuccessful: true, artifacts:
          'target/*.jar')
        }
      }
      stage('Publish to Artifactory') {
        agent {
          node {
            label 'docker'
          }
        }
        steps {
          script {
            unstash 'build-test-artifacts'

            def server = Artifactory.server 'Artifactory'
            def uploadSpec = """{
              "files": [
                {
                  "pattern": "target/*.jar",
                  "target": "example-repo-local/${BRANCH_NAME}/
                            ${BUILD_NUMBER}/"
                }
              ]
            }"""
            server.upload(uploadSpec)
          }
        }
      }
    }
  }
}
```

변경사항을 저장하려면, Save 버튼을 클릭한다(그림 3-80 참조).

▲ 그림 3-80 파이프라인 변경사항을 저장하는 Save 버튼

Save 버튼을 클릭하면, 백엔드에서 젠킨스가 사용자 인터페이스 구성을 선언형 파이프라인 구문에 맞춰 젠킨스 파일로 변환한다.

다음으로, 새로운 젠킨스 파일을 소스 코드 저장소에 체크인할 것인지를 묻는 팝업 창이 나타난다(그림 3-81 참조). Description 필드(❶)에 커밋 메시지에 해당하는 의미 있는 설명을 추가한다. 변경사항을 저장소의 새로운 브랜치에 반영하겠다는 의미로 Commit to new branch(❷)를 선택한다. 바로 아래 텍스트 필드에는 새로운 브랜치로 사용할 이름을 입력한다. 마지막으로, 커밋을 실행하기 위해 Save & run 버튼을 클릭하면 젠킨스 블루오션에서 파이프라인이 실행된다.

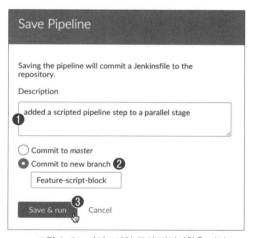

▲ 그림 3-81 파이프라인 구성 변경사항을 커밋

프로젝트의 멀티브랜치용 파이프라인 보기

이전 절에서는 비주얼 파이프라인 에디터를 사용해 파이프라인의 일부를 변경했다. 그리고 변경사항을 새로운 브랜치에 저장했다.

이에 따른 결과로 젠킨스 블루오션에 새로운 파이프라인이 생성된다(그림 3-82 참조). 프로젝트 대시보드에 Feature-script-block 브랜치용 파이프라인이 나타나며, 노란색 또는 녹색으로 표시된다.

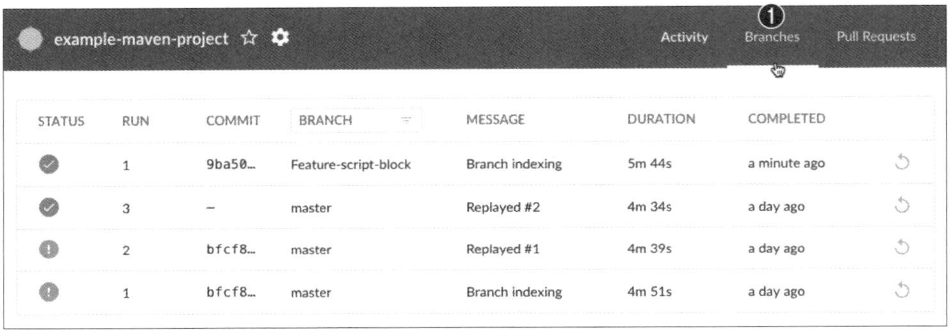

▲ 그림 3-82 기능 브랜치용 파이프라인

좀 더 자세히 살펴보기 위해 Branches 탭(❶)을 클릭한다. 2개의 파이프라인이 나타날 것이다. 하나는 마스터 브랜치이며, 다른 하나는 3장에서 설명한 스텝을 제대로 수행했다면 나타나는 Feature-script-block 브랜치다.

Branches 탭은 젠킨스 파일이 포함된 프로젝트의 모든 브랜치에 대해 최근 파이프라인 실행 결과를 보여준다.

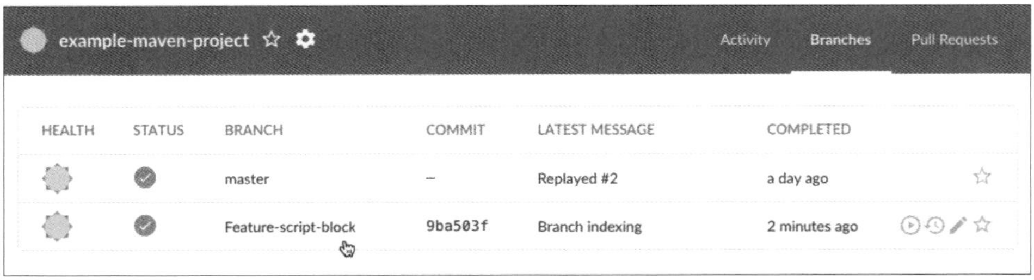

▲ 그림 3-83 Branches 탭

Feature-script-block 브랜치에서 실행되는 새로운 파이프라인의 흐름을 볼 수 있다. 브랜치를 클릭하면, 파이프라인 대시보드가 나타난다.

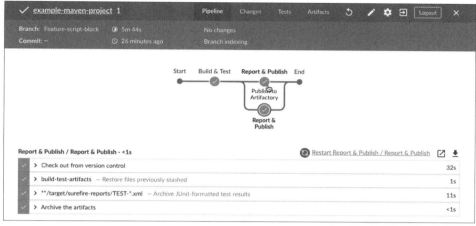

▲ 그림 3-84 파이프라인 흐름도 다이어그램

Publish to Artifactory 스테이지의 모든 스텝을 완료했다. 빌드 산출물이 존재하는지 아티팩토리 서버를 살펴보자. 관리자 자격 증명을 사용해 아티팩토리 서버에 로그인한다. Artifactory Repository Browser로 example-repo-local을 살펴보자. 브랜치 이름과 파이프라인 실행 번호가 합쳐진 폴더 경로에 빌드 산출물이 표시돼야 한다(그림 3-85 참조).

▲ 그림 3-85 아티팩토리에 업로드된 빌드 산출물

풀 리퀘스트용 파이프라인 실행

젠킨스 블루오션에서는 깃/깃허브/비트버킷 저장소의 풀 리퀘스트를 감지하고, 이와 관련된 파이프라인을 실행할 수 있다. 그리고 파이프라인 실행 결과(실패/성공/취소)를 다시 소스 코드 저장소로 보낸다.

풀 리퀘스트 수락 여부를 결정하는 담당자는 파이프라인 실행 결과에 근거해 수정사항을 목표 브랜치에 반영할지 여부를 결정할 수 있다.

3장에서 설명한 스텝을 잘 따라왔다면, 풀 리퀘스트도 만들 수 있을 것이다. 젠킨스 블루오션에서 풀 리퀘스트를 처리하는 방법을 알아보자.

풀 리퀘스트를 만들기 위해 깃허브 저장소에 로그인한다. 저장소 대시보드 페이지로 이동하면 깃허브에서 풀 리퀘스트(❶)를 제시하는 알림을 볼 수 있다(그림 3-86 참조). 만약 아무 표시도 없다면, Pull requests 탭(❷)을 눌러 새로운 풀 리퀘스트를 생성한다.

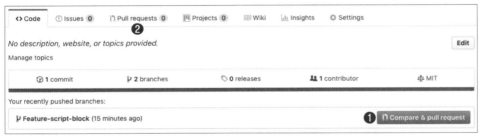

▲ 그림 3-86 풀 리퀘스트 제안

그림 3-87은 새로운 풀 리퀘스트를 작성하는 화면을 보여준다. 그림에서 볼 수 있듯이, 대상 브랜치(❶)와 소스 브랜치(❷)를 선택해야 한다. 변경사항이 발생한 곳이 소스 브랜치이며, 이를 반영할 곳이 대상 브랜치다.

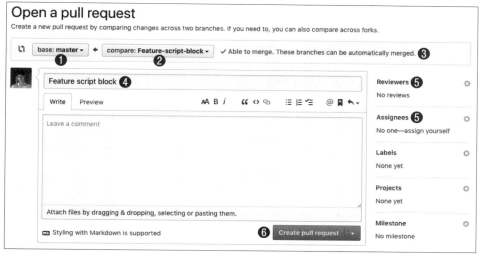

▲ 그림 3-87 새로운 풀 리퀘스트 열기

깃허브에서는 자동 병합이 가능할지 여부를 알림(❸)으로 표시한다. 텍스트 필드(❹)에는 풀 리퀘스트에 대한 설명을 입력한다. 또한 이번 병합을 처리할 Assignees담당자와 Reviewers검토자도 지정할 수 있다(❺). 마지막으로 Create pull request 버튼을 클릭해 풀 리퀘스트를 생성한다(❻).

프로젝트 대시보드로 전환하면, 풀 리퀘스트에 대한 파이프라인을 볼 수 있다(그림 3-88 참조).

STATUS	RUN	COMMIT	BRANCH	MESSAGE	DURATION	COMPLETED	
○	1	25f67...	PR-1	Branch indexing	5m 23s	-	⊙
✓	2	–	Feature-script-block	Replayed #1	3m 24s	16 minutes ago	↺
✗	1	25f67...	Feature-script-block	Branch indexing	2m 58s	32 minutes ago	↺
✓	2	–	master	Replayed #1	2m 28s	42 minutes ago	↺
⊖	1	9c2a5...	master	Branch indexing	32s	44 minutes ago	↺

▲ 그림 3-88 풀 리퀘스트에 대한 파이프라인 실행

또한 Pull Requests 탭을 사용해 풀 리퀘스트에 대한 모든 파이프라인 항목을 볼 수도 있다(그림 3-89 참조).

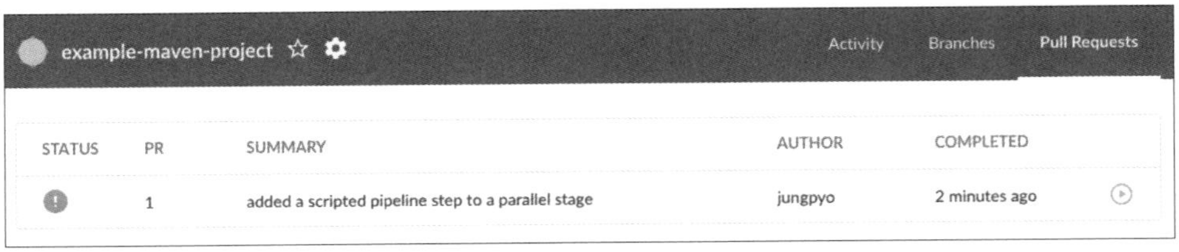

▲ 그림 3-89 풀 리퀘스트 탭

풀 리퀘스트의 파이프라인 실행이 끝나면 GitHub Pull Request 페이지로 전환한다. 이 풀 리퀘스트의 담당자는 알림을 받게 된다(그림 3-90 참조). 이 예제에서는 나를 담당자로 지정했기 때문에, 풀 리퀘스트에 대한 리뷰 요청을 내가 받은 경우다.

▲ 그림 3-90 병합 요청을 수락 또는 취소

젠킨스와 연동된 깃허브에서 나(담당자)에게 풀 리퀘스트와 관련된 정보를 제공함으로써, 풀 리퀘스트를 병합할지 여부를 결정하게 하는 것을 볼 수 있다. 제공되는 관련 정보는 다음과 같다.

❶ 끌어온 소스 브랜치의 커밋에 대한 파이프라인 상태

❷ 풀 리퀘스트의 파이프라인 상태

❸ 자동 병합이 가능한지에 대한 정보

Details 링크를 클릭하면 젠킨스 블루오션 대시보드로 이동한다. 다음으로 병합을 수락(❹)할지 또는 취소할지를 결정해야 한다.

만약 수락을 클릭하면, 깃허브에서는 정말로 병합할지 다시 한번 묻는다(그림 3-91 참조).

▲ 그림 3-91 병합 요청 확인

최종적으로 병합을 승인하면, 소스 브랜치를 삭제할 수 있는 옵션이 나타난다. 그림 3-92에서 Delete branch(❶) 옵션을 볼 수 있다.

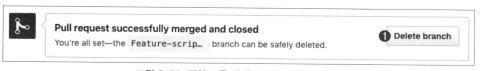

▲ 그림 3-92 깃허브 풀 리퀘스트의 브랜치 삭제 옵션

풀 리퀘스트를 병합하면, 젠킨스 블루오션은 마스터 브랜치에서 즉시 파이프라인을 실행한다(그림 3-93 참조).

▲ 그림 3-93 병합 요청 성공에 따른 자동화된 젠킨스 파이프라인

만약 아티팩토리를 체크했다면, 풀 리퀘스트를 포함해서 모든 브랜치의 산출물을 찾아야한다. 앞으로 풀 리퀘스트와 관련된 파이프라인용 아티팩토리에는 빌드 산출물을 업로드하지 않도록 파이프라인을 개선할 수도 있다. 그러나 그 작업은 우선 젠킨스 공유 라이브러리와 스크립트 스텝을 좀 더 학습한 후에 마지막 장에서 수행하도록 한다.

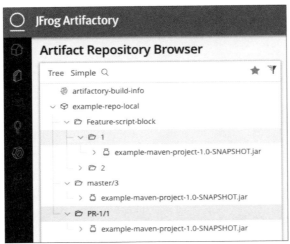

▲ 그림 3-94 다양한 소스 코드 브랜치에서의 빌드 산출물을 아티팩토리로 업로드

요약

3장에서는 젠킨스 블루오션에서의 파이프라인 사용법을 자세히 배워봤다. 비주얼 파이프라인 에디터로 파이프라인을 생성하고 편집했으며, 파이프라인 시각화 기능으로 스텝별, 스테이지별, 파이프라인별로 로그를 추적하고 디버깅했다. 그리고 실행된 파이프라인의 산출물과 테스트 결과를 확인했다. 이와 함께 젠킨스 블루오션에서 풀 리퀘스트를처리하는 방법을 배웠다.

이러한 항목의 처리는 모두 도커로 수행했다(예 컨테이너 형태로 실행되는 젠킨스 에이전트를생성하는 방식). 그 외에도 아티팩토리 실행법과 파이프라인의 스크립트 스텝을 사용해 빌드 산출물을 아티팩토리로 업로드하는 방법을 배웠다.

이제 젠킨스 블루오션의 GUI 부분은 3장이 마지막이다. 4장에서는 선언형 파이프라인을 좀 더 잘 이해하고, 또한 잘 제어하기 위해, 코드로 파이프라인을 설계하는 방법을 배울 예정이다.

4장

선언형 파이프라인 구문

비주얼 파이프라인 에디터로 파이프라인을 생성하면 빠르고 편리하다. 그러나 파이프라인을 좀 더 세밀하게 통제하려면 그 아래의 코드를 이해할 필요가 있다.

젠킨스 블루오션의 비주얼 파이프라인 에디터가 등장하기 전에는 키보드로 직접 코딩하는 방식의 파이프라인 코드가 보편적이었다. 따라서 파이프라인 코드를 구성하는 컴포넌트를 이해해두는 것이 중요하다.

지금부터 파이프라인 코드를 배워볼 텐데, 그 전에 기억해야 할 사항은 파이프라인 코드는 선언형 구문으로도, 명령형 구문으로도 작성될 수 있다는 점이다. 그중 4장에서는 선언형 방식에 대해 설명할 예정이며, 그 이유는 바로 젠킨스 블루오션이 선언형 파이프라인 구문을 사용하기 때문이다. 즉, 비주얼 파이프라인 에디터로 파이프라인을 생성할 때, 블루오션은 이를 선언형 파이프라인으로 저장한다는 뜻이다.

4장에서는 파이프라인 코드가 스크립트 방식의 코드에서 선언형 파이프라인으로 변경된 과정을 잠깐 설명하고, 이어서 선언형 파이프라인 구문의 요소들에 대해 자세히 설명할 것이다.

4장에서 다루는 내용은 다음과 같다.

- 코드 방식의 파이프라인과 젠킨스 파일 소개
- 스크립트형 파이프라인 정의
- 선언형 파이프라인 정의
- 선언형 파이프라인 구문 상세 안내

또한 4장에는 선언형 파이프라인의 다양한 옵션을 이해하는 데 도움이 되는 예제 코드를 추가했다. 지금부터 이에 대해 자세히 알아보자.

> ***주의*** 4장에서 설명하는 모든 파이프라인 코드는 예제 목적의 템플릿이다. 이는 선언형 파이프라인 구문으로 활용할 수 있는 기능과 옵션의 이해를 돕는 것이 목적이다. 이 템플릿을 사용하기 전에는 상황에 맞게 수정하여 사용하자.

코드 방식의 파이프라인 소개

코드 방식의 파이프라인은 그 이름이 시사하는 바와 같이 코드로 작성된 파이프라인을 말한다. 그리고 코드 방식의 파이프라인에서 사용되는 코딩 언어는 아파치 그루비^{Apache} ^{Groovy}(자바 기반 객체 지향 프로그래밍 언어)가 선정됐고, 그 결과 스크립트형 파이프라인이 탄생했다.

스크립트형 파이프라인

스크립트형 파이프라인은 도메인에 특화된, 명령행 방식의 구문을 따른다. 게다가, 아무런 제한 없이 그루비 코드를 삽입할 수 있다. 상황에 따라 스크립트형 파이프라인은 Job DSL로 불리기도 한다.

▼ 스크립트형 파이프라인 예제

```
node('master') {
  stage('Poll') {
    // 소스 코드 체크아웃
  }
  stage('Build') {
    sh 'mvn clean verify -DskipITs=true';
  }
  stage('Static Code Analysis') {
    sh 'mvn clean verify sonar:sonar';
  }
  stage ('Publish to Artifactory') {
    def server = Artifactory.server 'Default Artifactory'
    def uploadSpec = """{
      "files":[
        {
          "pattern": "target/*.war",
          "target": "helloworld/${BUILD_NUMBER}/",
          "props": "Unit-Tested=Yes"
        }
      ]
    }"""
    server.upload(uploadSpec)
  }
}
```

프로그래머가 아닌 분들을 위해 명령형 프로그램과 도메인 특화 언어에 대해 잠시 설명하고자 한다.

- **명령형 프로그래밍**^{imperative programming} : 정의에 따르면 명령형 프로그래밍은 컴퓨터 프로그래밍의 표준으로, 어떻게 목표를 달성할지와 함께 무엇을 달성할지도 기술하는 프로그램 방식이다. C, C++, 자바, 그루비 등이 명령형 프로그래밍 언어의 하나다.

- **도메인 특화 언어**^{DSL, Domain-Specific Language} : 도메인 특화 언어는 특정 분야의 문제를 해결하고자 설계된 언어다. 아파치 앤트^{Apache Ant}, 아파치 메이븐^{Apache Maven},

그래들Gradle 등이 DSL의 하나다. 이 언어들은 모든 분야를 대응하도록 설계된 범용 언어와는 명확히 구별되는 특징을 갖는다.

스크립트형 파이프라인 구문은 기능은 강력하지만 배우기가 매우 힘들다. 게다가 이해하고 유지하는 것도 어렵다.

예를 들어 팀을 떠난 개발자가 작성한 스크립트형 파이프라인 코드를 디버깅한다고 가정해보면, 어떤 개발자도 많은 분량의 스크립트형 파이프라인 코드를 유지보수하는 데 투입되길 원치 않을 것이다.

이런 문제점 때문에 젠킨스 개발자들은 DSL을 사용해 파이프라인을 좀 더 편리하게 이용하는 방법을 개발했고, 그 결과 선언형 파이프라인이 만들어졌다.

선언형 파이프라인

선언형 파이프라인은 도메인에 특화되어 있으며, 선언형 방식의 구문을 따른다. 게다가 일부 제한은 있지만, 그루비 코드를 삽입해 활용할 수도 있다.

젠킨스 블루오션에서 생성하는 파이프라인은 기본적으로 멀티브랜치 선언형 파이프라인으로 저장된다.

▼ 선언형 파이프라인 예제

```
pipeline {
  agent {
    node {
      label 'master'
    }
  }
  stages {
    stage('Build') {
      steps {
        sh 'mvn clean verify -DskipITs=true'
```

```
      }
    }
    stage('Static Code Analysis') {
      steps {
        sh 'mvn clean verify sonar:sonar'
      }
    }
    stage ('Publish to Artifactory') {
      steps {
        script {
          def server = Artifactory.server 'Default Artifactory'
          def uploadSpec = """{
            "files":[
              {
                "pattern": "target/*.war",
                "target": "helloworld/${BUILD_NUMBER}/",
                "props": "Unit-Tested=Yes"
              }
            ]
          }"""
          server.upload(uploadSpec)
        }
      }
    }
  }
}
```

프로그래머가 아닌 독자들을 위해 선언형 프로그래밍에 대해 잠시 설명하면 다음과 같다.

- **선언형 프로그래밍**^{declarative programming} : 선언형 프로그래밍은 컴퓨터 프로그래밍의 표준 중 하나로, 목표를 어떻게 달성할지보다는 무엇을 달성할지를 기술하는 프로그램 방식이다. 어떻게 달성할지를 알아내는 것은 컴파일러의 역할이다. SQL, HTML, XML, CSS 등이 선언형 프로그래밍 언어의 하나다.

선언형 파이프라인 구문은 구조화가 잘되어 있어 학습이 쉽고, 작성 및 유지관리도 수월하다. 그러나 파이프라인 작성자 입장에서는 여러 면에서 제한적이다. 예를 들어, 선언형 파이프라인은 항상 그루비 코드를 script {} 블록 안에 넣어야 한다.

젠킨스 파일

젠킨스 파일 Jenkinsfile 은 파이프라인 코드로 작성된 파일이다. 파이프라인 코드는 스크립트형 파이프라인 구문이거나 또는 선언형 파이프라인 구문으로 작성된다. 파이프라인 코드가 파일 안에 존재하고, 저장소에서 소스 코드의 버전 관리를 하고 있다면 이는 젠킨스 파일이라 할 수 있다.

젠킨스 블루오션에서 생성된 파이프라인은 기본적으로 선언형 파이프라인 구문으로 젠킨스 파일에 저장된 후, 소스 코드 저장소로 업로드된다.

반면, 표준 젠킨스에서는 파이프라인 코드를 파이프라인 작업에 직접 저장할 수 있다.

선언형 파이프라인 구문

이번 절에서는 선언형 파이프라인 구문을 구성하는 요소에 대해 자세히 알아보기로 한다.

섹션

선언형 파이프라인 구문의 섹션 항목에는 1개 이상의 지시어 Directive 나 스텝 Step 이 포함될 수 있다. 모든 섹션을 하나씩 살펴보자.

agent

agent 섹션은 전체 파이프라인이나 특정 스테이지가 어디에서 실행될지를 정하는 역할을 한다. 이 요소는 반드시 pipeline {} 블록의 시작부에 위치해야 한다. 추가로 stage 지시어 안에서는 선택적으로 사용할 수 있다.

agent 섹션은 유스케이스에 따라 각기 다른 파라미터를 사용할 수 있다. 하나씩 살펴보자.

any

any 에이전트는 pipeline {} 블록 또는 특정 stage 지시어 안에서 사용한다. 젠킨스에서 사용 가능한 모든 에이전트를 실행할 수 있다.

▼ any 에이전트가 있는 pipeline {} 블록

```
pipeline {
  agent any
  stages {
    stage ('say hello') {
      steps {
        echo 'Hello everyone'
      }
    }
  }
}
```

pipeline {} 블록 안에서 none 에이전트를 사용해 실행 중인 파이프라인의 모든 **전역 에이전트**를 중단시킬 수 있다. 이 경우, 파이프라인 안의 각 stage 지시어는 각기 agent 섹션을 가져야 한다.

▼ none 에이전트가 있는 pipeline {} 블록

```
pipeline {
  agent none
  stages {
    stage('Parallel Testing') {
      parallel {
        stage('Test with Firefox') {
          agent {
```

```
          label 'Windows2008_Firefox'
        }
        steps {
          echo "Testing with Firefox."
        }
      }
      stage('Test with Chrome') {
        agent {
          label 'Windows2008_Chrome'
        }
        steps {
          echo "Testing with Chrome."
        }
      }
    }
  }
}
```

label

특정 레이블이 있는 젠킨스에서 사용 가능한 에이전트로 전체 파이프라인이나 스테이지
를 실행한다.

▼ label이 있는 agent 섹션

```
agent {
  label 'window2008_Chrome'
}
```

위의 agent 섹션은 windows2008_Chrome이라는 레이블이 있는 에이전트 안의 전체
파이프라인이나 스테이지를 실행한다.

▼ agent { label '…'} 섹션이 있는 pipeline {} 블록

```
pipeline {
  agent none
```

```
stages {
  stage('Parallel Testing') {
    parallel {
      stage('Test with Firefox') {
        agent {
          label 'Windows2008_Firefox'
        }
        steps {
          echo "Testing with Firefox."
        }
      }
      stage('Test with Chrome') {
        agent {
          label 'Windows2008_Chrome'
        }
        steps {
          echo "Testing with Chrome."
        }
      }
    }
  }
}
```

node

특정 레이블이 있는 젠킨스에서 사용 가능한 에이전트로 전체 파이프라인이나 스테이지를 실행한다. 동작은 `label` 파라미터와 유사하다. 그러나 `node` 파라미터는 `customWorkspace` 같은 추가 옵션을 지정할 수 있다. 워크스페이스 또는 젠킨스 파이프라인 워크스페이스는 젠킨스 에이전트용으로 예약된 디렉토리로서, 다운로드된 모든 소스코드가 저장되고 빌드도 수행된다.

▼ agent { node { label '…' } } 섹션이 있는 pipeline {} 블록

```
pipeline {
  agent {
    node {
```

```
        label 'ubuntu_maven'
        customWorkspace '/some/path'
    }
  }
  stages {
    stage('Build') {
      steps {
        sh 'mvn -B clean verify'
      }
    }
  }
}
```

docker

도커 컨테이너에서 전체 파이프라인이나 스테이지를 실행한다. 컨테이너는 미리 구성해 둔 도커 호스트에서 동적으로 생성된다.

또한 args 파라미터로 전달된 인수를 docker run 명령어로 직접 전달하는 기능도 수행한다.

▼ docker 파라미터가 있는 agent 섹션

```
agent {
  docker {
    image 'ubuntu:trusty'
    label 'ubuntu_maven'
    args '-v /tmp:/home/dev'
  }
}
```

dockerfile

도커 파일에서 빌드된 컨테이너에서 파이프라인이나 스테이지를 실행한다. 이 옵션을 사용하려면 젠킨스 파일[Jenkinsfile]과 도커 파일[dockerfile]이 소스 코드의 루트 디렉토리에 있어야 한다.

▼ dockerfile 파라미터가 있는 agent 섹션

```
agent {
  dockerfile true
}
```

도커 파일이 소스 코드의 다른 경로에 있다면 dir 옵션을 사용한다.

```
agent {
  dockerfile {
    dir 'someSubDir'
  }
}
```

도커 파일의 이름이 다르다면, filename 옵션으로 도커 파일의 이름을 지정할 수 있다.

```
agent {
  dockerfile {
    filename 'Dockerfile.maven'
    dir 'someSubDir'
  }
}
```

additionalBuildArgs 옵션을 사용하면 docker build 명령어에 인수를 추가로 전달할 수 있다.

```
agent {
  // "docker build -f Dockerfile.maven --build-arg version=0.0.7 ./someSubDir/"과 동일
  dockerfile {
    filename 'Dockerfile.maven'
    dir 'someSubDir'
    additionalBuildArgs  '--build-arg version=0.0.7'
  }
}
```

post

post 섹션에서는 파이프라인이나 스테이지를 실행한 후에 추가 steps를 실행할 수 있다.

▼ 파이프라인 끝부분의 post 섹션

```
pipeline {
  agent any
  stages {
    stage('Say Hello') {
      steps {
        echo 'Hello World.'
      }
    }
    // 스테이지 끝부분의 post 섹션
    post {
      sucess {
        echo 'This stage is successful.'
      }
    }
  }
  // 파이프라인 끝부분의 post 섹션
  post {
    always {
      echo 'Jenkins Blue Ocean is wonderful.'
    }
  }
}
```

post 섹션에는 특정 조건을 추가할 수 있다. 이들 조건을 이용하면 파이프라인이나 스테이지의 종료 상태에 따라 post 섹션 안에서 steps를 실행할 수 있다.

조건	설명
always(항상)	모든 경우에 post 섹션에서 steps를 실행한다.
changed(변경)	현재 파이프라인이나 스테이지의 완료 상태가 이전 실행에서의 상태와 다른 경우에만 post 섹션에서 steps를 실행한다.

조건	설명
fixed(고정)	이전 실행에서의 상태가 실패나 불안정 상태였고, 현재 파이프라인이나 스테이지의 완료 상태가 성공인 경우에만 post 섹션의 steps를 실행한다.
regression(회기)	이전 실행에서의 상태가 성공인 경우로, 현재 파이프라인이나 스테이지의 상태가 실패, 불안정, 중단인 경우에만 post 섹션의 steps를 실행한다.
aborted(중단)	현재 파이프라인이나 스테이지 상태가 중단인 경우에만 post 섹션의 steps를 실행한다.
failture(실패)	현재 파이프라인이나 스테이지 상태가 실패인 경우에만 post 섹션의 steps를 실행한다.
success(성공)	현재 파이프라인이나 스테이지 상태가 성공인 경우에만 post 섹션의 steps를 실행한다.
unstable(불안정)	현재 파이프라인이나 스테이지 상태가 불안정인 경우(주로 테스트 실패나 코드 위반의 경우 발생)에만 post 섹션의 steps를 실행한다.
cleanup(마무리)	파이프라인이나 스테이지의 실행 상태와 관계없이 사후 처리가 끝난 다음, post 섹션의 steps를 실행한다.

stages

stages 섹션은 1개 또는 그 이상의 연속된 stage 지시어로 구성된다. 이것은 1개 또는 여러 개의 stage 지시어와 코드를 구분하는 데 사용된다.

stages 섹션에는 파라미터가 없으며, 파이프라인에서 적어도 한 번은 사용된다. stages에 대해서는 앞으로 설명할 연속 스테이지와 병렬 스테이지에서 더 자세히 설명한다.

steps

steps 섹션은 stage 지시어 안에서 실행되는 1개 또는 그 이상의 steps로 구성된다. 이것은 stage 지시어 안에서 1개 또는 여러 개의 steps와 코드를 구분하는 데 사용된다.

▼ steps 섹션이 있는 pipeline {} 블록

```
pipeline {
  agent none
  stages {
```

```
  stage ('say hello') {
    agent {
      label 'ubuntu_maven'
    }
    // steps 섹션
    steps {
      // echo 스텝
      echo 'Hello everyone'
      // sh 스텝
      sh 'pwd'
    }
  }
 }
}
```

지시어

지시어란 작업을 수행하기 위해 파이프라인 스텝을 도와, 조건을 설정하고 작업 지시를 하는 구성요소다. 이번 절에서는 선언형 파이프라인 구문에서 사용 가능한 모든 지시어를 살펴본다.

environment

environment 지시어는 환경 변수용 키-밸류 쌍을 지정하는 데 사용한다. 키-밸류 쌍을 두는 위치에 따라 특정 스테이지에서만 사용할 수도 있고, 파이프라인 전체에서 사용할 수도 있다.

▼ environment 섹션이 있는 pipeline {} 블록

```
pipeline {
  agent any
  // 파이프라인 범위
  environment {
    key1 = 'value1'
```

```
      key2 = 'value2'
    }
    stages {
      stage('Example') {
        // 스테이지 범위
        environment {
          key3 = 'value3'
        }
        steps {
          sh 'echo $key1'
          sh 'echo $key2'
          sh 'echo $key3'
        }
      }
    }
}
```

options

`options` 지시어를 사용하면 파이프라인에서만 사용 가능한 옵션을 정의할 수 있다.

젠킨스는 몇 가지 핵심 옵션을 기본적으로 갖고 있다. 그리고 플러그인을 이용해 새로운 옵션도 사용할 수 있다. 다음은 블루오션에서 의미 있는 몇 가지 options의 목록이다.

buildDiscarder

최근 실행된 빌드를 유지할 수 있게 한다.

```
// 젠킨스에서 최근 10개의 파이프라인 로그와 산출물을 유지한다.
options {
  buildDiscarder(logRotator(numToKeepStr: '10'))
}
```

disableConcurrentBuilds

파이프라인의 동시 실행 기능을 비활성화한다.

이 옵션의 사용법을 이해하기 위해, 다음과 같은 상황을 가정해보자. 소스 코드 저장소에 푸시할 때마다 실행되는 블루오션 파이프라인이 있다고 해보자. 또한 1개의 파이프라인을 실행하는 빌드 에이전트를 갖고 있다.

이제, 아주 짧은 시간 동안 저장소로의 푸시가 여러 번 발생한다고 하자. 이 가정에서는 한 번에 3개의 다른 푸시가 일어났다고 하자. 그러면 각 푸시에 대해 파이프라인이 실행된다. 이를 파이프라인 #1, #2, #3이라고 부르자. 그러나 빌드 에이전트는 1개밖에 없기 때문에, 파이프라인 #1이 실행되는 동안 #2와 #3은 큐에서 대기하게 된다. 그리고 빌드 에이전트에 여유가 생길 때마다, 파이프라인 #2와 #3이 실행될 것이다.

이런 기능을 비활성화하고 큐에 있는 모든 것을 삭제하려면 disableConcurrentBuilds 옵션을 사용해야 한다. 이 옵션은 증분 빌드를 수행하는 경우 유용하다.

```
options {
    disableConcurrentBuilds ()
}
```

newContainerPerStage

newContainerPerStage 옵션은 도커 또는 도커 파일 파라미터를 사용하는 agent 섹션에서 사용된다.

이 옵션이 지정되면, 동일 도커 호스트상에서는 동일 컨테이너를 사용하는 다른 모든 스테이지와 달리 새로운 컨테이너에서 스테이지가 실행된다.

이 옵션은 pipeline {} 블록의 최상위 레벨에서 정의된 agent 섹션에서만 유효하다.

preserveStashes

젠킨스에서는 스테이지 간에 산출물을 전달할 수 있다. 이를 위해 stash를 사용한다. preserveStashes 옵션을 사용하면 완료된 파이프라인의 stash를 보존할 수 있다. 이는 완료된 파이프라인에서 스테이지를 재실행하는 경우 유용하다.

```
// 가장 최근에 종료된 파이프라인의 stash를 유지한다.
options {
  preserveStashes()
}
```

또는

```
// 가장 최근에 종료된 10개 파이프라인의 stash를 유지한다.
options {
  preserveStashes(10)
}
```

retry

retry 옵션을 사용하면 실패 시 파이프라인이나 스테이지를 재시도할 수 있다.

▼ 실패 시 전체 파이프라인을 3회 재시도

```
pipeline {
  agent any
  options {
    retry(3)
  }
  stages {
    stage ('say hello') {
      steps {
        echo 'Hello everyone'
      }
    }
  }
}
```

▼ 실패 시 스테이지를 3회 재시도

```
pipeline {
  agent any
```

```
  stages {
    stage ('say hello') {
      options {
        retry(3)
      }
      steps {
        echo 'Hello everyone'
      }
    }
  }
}
```

---

skipDefaultCheckout

skipDefaultCheckout 옵션은 편리한 기능이다. 젠킨스의 선언형 파이프라인에서 소스 코드는 파이프라인의 모든 stage 지시어마다 기본으로 체크아웃이 된다.

이 옵션을 사용한 stage 지시어에서는 소스 코드의 체크아웃을 생략한다.

▼ skipDefaultCheckout 옵션이 있는 pipeline {} 블록

```
pipeline {
  agent any
  stages {
    stage ('say hello') {
      options {
        skipDefaultCheckout()
      }
      steps {
        echo 'Hello everyone'
      }
    }
    stage ('say hi') {
      steps {
        echo 'Hi everyone'
      }
    }
  }
}
```

---

timeout

`timeout` 옵션을 사용하면 파이프라인의 타임아웃 시간을 설정할 수 있다. 파이프라인 실행이 설정된 `timeout`을 초과하는 경우 젠킨스는 파이프라인을 중단시킨다.

`timeout` 옵션은 파이프라인뿐만 아니라 스테이지 레벨에서도 사용할 수 있다.

▼ timeout 옵션이 있는 pipeline {} 블록

```
pipeline {
  agent any
  option {
    timeout(time: 2, unit 'HOURS')
  }
  stages {
    stage ('Build') {
      steps {
        bat 'MSBuild.exe MyProject.proj /t:build'
      }
    }
  }
}
```

어떤 파이프라인은 엄청난 양의 로그를 출력하며, 프로세스의 실행이 끝나기를 기다리다가 젠킨스 서버까지 다운시키는 경우가 있다. 이런 경우 `timeout` 옵션이 유용하다.

timestamps

`timestamps` 옵션을 사용하면 콘솔 로그의 모든 항목마다 시간이 출력된다. 이 옵션은 특정 명령어의 실행 시각이 필요한 디버깅을 할 때 유용하다.

`timestamps` 옵션은 파이프라인뿐만 아니라 스테이지 레벨에서도 사용할 수 있다.

▼ timestamps 옵션이 있는 pipeline {} 블록

```
pipeline {
  agent any
  option {
```

```
      timestamps()
    }
    stages {
      stage ('Build') {
        steps {
          bat 'MSBuild.exe MyProject.proj /t:build'
        }
      }
    }
}
```

parameters

parameters 지시어를 사용해 파이프라인을 시작할 때 특정 파라미터를 제공할 수 있다.

파라미터 중 유용한 것들은 다음과 같다.

string

string 파라미터를 이용해 문자열을 전달한다.

▼ string 파라미터가 있는 pipeline {} 블록

```
pipeline {
  agent any
  parameters {
    string(name: 'perf_test_dur', defaultValue: '9000',
    description: 'Performance testing duration')
  }
  stages {
    stage ('Performance Testing') {
      steps {
        // string 파라미터는 환경 변수로 사용할 수 있다.
        echo "${params.perf_test_dur}"
        // 성능 시험을 수행한다.
      }
    }
  }
}
```

text

text 파라미터를 사용해 여러 줄의 텍스트를 전달한다.

▼ text 파라미터가 있는 pipeline {} 블록

```
pipeline {
  agent any
  parameters {
    text(name: 'comments', defaultValue: 'Hello',
    description: ")
  }
  stages {
    stage ('say hello') {
      steps {
        echo "${params.comments}"
      }
    }
  }
}
```

booleanParam

booleanParam 파라미터를 사용해 참 또는 거짓을 전달한다.

▼ booleanParam 파라미터가 있는 pipeline {} 블록

```
pipeline {
  agent any
  parameters {
    booleanParam(name: 'upload_artifacts', defaultValue: true,
                 description: ")
  }
  stages {
    stage ('Publis Artifacts') {
      steps {
        script {
          if (upload_artifacts == 'true') {
```

```
            // 조건에 맞을 경우, 작업을 수행한다.
          }
          else {
            // 조건에 맞지 않을 경우, 작업을 수행한다.
          }
        }
      }
    }
  }
}
```

choice

choice 파라미터를 사용해 값을 선택하고, 파이프라인에 전달할 수 있다.

▼ choice 파라미터가 있는 pipeline {} 블록

```
pipeline {
  agent any
  parameters {
    choice(name: 'testing_sites', choices: 'A\nB\nC',
          description: ")
  }
  stages {
    stage ('Testing') {
      steps {
        // 작업을 수행한다.
        sh 'ssh ${params.testing_sites}'
      }
    }
  }
}
```

file

file 파라미터를 사용해 파이프라인으로 업로드할 파일을 지정할 수 있다.

▼ file 파라미터가 있는 pipeline {} 블록

```
pipeline {
  agent any
  parameters {
    file(name: 'name', description: 'file to upload')
  }
  stages {
    stage ('Testing') {
      steps {
        // 작업을 수행한다.
      }
    }
  }
}
```

triggers

triggers 지시어는 파이프라인을 시작하는 다양한 방법을 정의한다. 젠킨스 블루오션으로 만든 파이프라인은 소스 코드 저장소(깃/깃허브/깃랩)에 구성된 웹훅webhook으로 실행되기 때문에, triggers가 필요하지 않을 수도 있다.

다음 2개의 triggers 지시어는 지속적 인도 파이프라인의 특정 상황에서 유용하다.

cron

cron 트리거는 주기적으로 파이프라인의 재실행을 정의하는 크론 방식의 문자열을 인식한다. 예를 들면, 다음과 같이 사용한다.

```
pipeline {
  agent any
  triggers {
    cron('H */4 * * 1-5')
  }
  stages {
    stage('Long running test') {
```

```
      steps {
        // 작업을 수행한다.
      }
    }
  }
}
```

upstream

upstream 트리거를 사용하면 쉼표로 구분된 작업 목록과 임곗값을 정의할 수 있다. 목록에 있는 작업이 정의된 임곗값으로 끝나면, 파이프라인이 시작된다. 이 기능은 CI 및 CD 파이프라인이 2개의 파이프라인으로 분리된 경우 유용하다.

▼ upstream 트리거 지시어가 있는 pipeline {} 블록

```
pipeline {
  agent any
  triggers {
    upstream(upstreamProjects: 'jobA', threshold: hudson.model.Result.SUCCESS)
  }
  stages {
    stage('Say Hello') {
      steps {
        echo 'Hello.'
      }
    }
  }
}
```

stage

파이프라인 스테이지에는 빌드나 단위 테스트, 정적 코드 분석 등의 작업을 수행하기 위한 1개 이상의 steps가 포함된다. stage 지시어에는 1개 이상의 steps 섹션이나 agent 섹션(선택적), 또는 그 밖의 스테이지 관련 지시어가 포함된다.

앞부분에서 이미 stage 지시어를 사용한 많은 예제를 보았다. 여러 개의 stage 지시어를 순서대로나 병렬로 실행할 수도 있고, 이 둘을 조합하는 것도 가능하다. 이에 대해서는 곧 보게 될 것이다.

tools

tools 지시어를 사용하면 자동으로 에이전트에 도구를 설치한다. 이 지시어는 pipeline {}이나 stage {} 블록 안에서 정의할 수 있다.

▼ tools 지시어가 있는 pipeline {} 블록

```
pipeline {
  agent any
  tools {
    maven 'apache-maven-3.0.1'
  }
  stages {
    stage('Build') {
      steps {
        sh 'mvn clean verify'
      }
    }
  }
}
```

tools 지시어가 동작하려면, 젠킨스의 Manage Jenkins > Global Tool Configuration 메뉴에서 미리 구성돼야 한다. 그러나 pipeline {} 블록 안에 agent none 섹션을 넣었다면 tools 지시어는 무시된다.

이 글을 쓰는 현재, 선언형 파이프라인에서 동작하는 도구는 다음과 같다.

- 메이븐
- jdk
- 그래들

input

input 지시어를 사용하면 파이프라인에서 입력을 받을 수 있다. input 지시어는 stage 지시어와 함께 동작한다. 즉, stage 지시어는 일단 실행을 중단하고 사용자의 입력을 기다리며, 사용자가 입력을 끝낸 후에 실행을 계속한다.

다음 표는 input 지시어와 함께 사용 가능한 옵션을 보여준다.

옵션	설명	필요 여부
message	input을 설명하는 문구	O
id	input을 구분하기 위한 식별자. 기본값은 스테이지 이름이다.	X
ok	'ok' 버튼의 대체 텍스트. 기본값은 'ok'이다.	X
submitter	입력이 허용된 사용자 목록(쉼표로 구분된) 또는 외부 그룹명. submitter 옵션을 사용하지 않으면 누구나 입력을 할 수 있다.	X
submitterParameter	submitter 이름을 설정하는 환경 변수명	X
parameters	input과 함께 사용되는 파라미터의 목록. 자세한 내용은 'parameters' 절을 참고한다.	X

```
pipeline {
  agent any
  stages {
    stage('Smoke Testing') {
      steps {
        // 신속히 스모크 테스트를 수행한다.
        echo 'Performing smoke testing.'
      }
    }
    stage('Full Integration Testing') {
      input {
        message "Should we go ahead with full integration testing?"
        ok "Yes"
        submitter "Luke,Yoda"
        parameters {
          string(name: 'simulators', defaultValue: '4',
```

```
        description: 'Test farm size')
      }
    }
    steps {
      echo "Running full integration testing using ${simulators} simulators."
    }
   }
  }
 }
}
```

when

when 지시어는 파이프라인이 어떤 조건에 따라 stage 지시어를 실행해야 하는지를 알려준다.

when 지시어는 적어도 1개의 조건문을 반드시 포함해야 한다. when 지시어에 둘 이상의 조건문이 포함되는 경우, 모든 하위 조건문은 스테이지 실행 시 반환값을 true로 해야 한다.

branch

빌드 브랜치가 제공된 브랜치 패턴과 일치하는 경우에만 stage 지시어를 실행한다.

▼ branch 조건이 있는 when 지시어를 포함하는 pipeline {} 블록

```
pipeline {
  agent any
  stages {
    stage('Build') {
      steps {
        echo 'Performinging a Build.'
      }
    }
    stage('Performance Testing') {
      when {
        branch "release-*"
      }
      steps {
```

```
        echo 'Performing performance testing.'
      }
    }
  }
}
```

이 파이프라인의 **Performance Testing** 스테이지는 release-라는 문자열로 시작하는 모든 브랜치에서 실행된다. ⓔ release-beta, release-1.0.0.1

buildingTag

`buildingTag` 옵션은 태그가 있는 파이프라인에 대해서만 스테이지를 실행하게 한다.

▼ buildingTag 조건이 있는 when 지시어를 포함하는 pipeline {} 블록

```
pipeline {
  agent any
  stages {
    stage('Build') {
      when {
        buildingTag()
      }
      steps {
        echo 'Performing a Build.'
      }
    }
  }
}
```

tag

`tag` 옵션을 사용하면 TAG_NAME 변수가 제공된 패턴과 일치하는 경우에만 stage 지시어를 실행한다.

빈 패턴이 제공되고, 파이프라인에 태그가 있다면, `tag` 옵션은 `buildingTag()`와 동일하게 동작한다.

▼ tag 조건이 있는 when 지시어를 포함하는 pipeline {} 블록

```
pipeline {
  agent any
  stages {
    stage('Publish') {
      when {
        tag "release-*"
      }
      steps {
        echo 'Publishing product package.'
      }
    }
  }
}
```

tag 옵션에 comparator 파라미터를 추가해 주어진 패턴을 평가할 수 있다. comparator 파라미터용 옵션에는 **EQUALS**(단순 문자열 비교), **GLOB**(기본값, 앤트 스타일의 경로 검색), **REGEXP**(정규 표현식)가 있다.

▼ tag 조건과 comparator가 있는 when 지시어를 포함하는 pipeline {} 블록

```
pipeline {
  agent any
  stages {
    stage('Publish') {
      when {
        tag pattern: "release-\d{1}\.\d{1}.\d{1}.\d{1}-nightly",
        comparator: "REGEXP"
      }
      steps {
        echo 'Publishing product package.'
      }
    }
  }
}
```

이 파이프라인에서 Publish 스테이지는 release−0.0.0.0−nightly와 release−9.9.9.9−nightly 사이에서 일치하는 모든 빌드에 대해 실행된다.

changelog

changelog 옵션을 사용하면 파이프라인의 SCM 변경 로그에 특정 정규 표현식 패턴이 있을 때만 stage 지시어를 실행할 수 있다. SCM 변경 로그에는 수정된 파일의 목록과 수정된 각 파일의 저장소 브랜치나 작업을 수행한 사용자 등의 정보가 포함된다.

▼ changelog 조건이 있는 when 지시어가 포함된 pipeline {} 블록

```
pipeline {
  agent any
  stages {
    stage('Publish') {
      when {
        changelog '\sbugfix\s'
      }
      steps {
        echo 'Publishing product package.'
      }
    }
  }
}
```

changeset

changeset 옵션을 사용하면 파이프라인의 SCM changeset에 주어진 문자열이나 glob와 일치하는 파일이 1개 이상 있을 때만 stage 지시어를 실행할 수 있다. SCM changeset은 커밋과 관련되어 수정된 파일의 목록이다.

▼ changeset 조건이 있는 when 지시어가 포함된 pipeline {} 블록

```
pipeline {
  agent any
  stages {
```

```
        stage('Publish') {
          when {
            changeset "**/*.js"
          }
          steps {
            echo 'Publishing product package.'
          }
        }
      }
    }
}
```

기본적으로 일치 조건에서는 대소문자를 가리지 않는다. 대소문자를 구분하려면 caseSensitive 파라미터를 사용해야 한다.

```
when { changeset glob: "Simlulator_SAS.*" , caseSensitive: true }
```

environment

environment 옵션을 사용하면 환경 변수가 지정된 값으로 설정된 경우에만 stage 지시어를 실행할 수 있다. 예를 들어 테스트를 통과한 산출물을 지리적으로 떨어진 장소들로 배포한다고 가정하고, 장소는 아시아-태평양 지역[APAC]이라고 해보자. 이 모든 환경에서 배포 스텝도 각기 다르다고 하자. 이런 경우 environment 조건이 있는 when 지시어를 사용해 파이프라인을 설계하면 다음과 같다.

▼ environment 조건이 있는 when 지시어를 포함하는 pipeline {} 블록

```
pipeline {
  agent any
  stages {
    stage('Deploy') {
      when {
        environment name: 'target', value: 'apac'
      }
      steps {
```

```
        echo 'Performing package deployment.'
      }
    }
  }
}
```

equals

equals 옵션을 사용하면 예상 값이 실제 값과 같을 때만 stage 지시어를 실행할 수 있다.

▼ equals 조건이 있는 when 지시어를 포함하는 pipeline {} 블록

```
pipeline {
  agent any
  stages {
    stage('Build') {
      when {
        equals expected: 2, actual: currentBuild.number
      }
      steps {
        echo 'Performing a Build.'
      }
    }
  }
}
```

expression

expression 옵션을 사용하면 지정된 그루비 표현식이 참인 경우에만 stage 지시어를 실행할 수 있다.

▼ expression 조건이 있는 when 지시어를 포함하는 pipeline {} 블록

```
pipeline {
  agent any
  stages {
    stage('Build') {
```

```
      steps {
        echo 'Performing a Build.'
      }
    }
    stage('Static Code Analysis') {
      when {
        expression { BRANCH_NAME ==~ /(feature-*)/ }
      }
      steps {
        echo 'Performing Static Code Analysis.'
      }
    }
  }
}
```

not, allOf, anyOf 등의 중첩 조건을 사용하면 좀 더 복잡한 조건문을 구성할 수 있다. 게다가 여러 단계의 중첩도 가능하다.

not

not 옵션은 중첩된 조건이 거짓이고, 적어도 1개의 조건이 포함된 경우에 stage 지시어를 실행한다.

```
pipeline {
  agent any
  stages {
    stage('Build') {
      steps {
        echo 'Performing a Build.'
      }
    }
    stage('Deploy') {
      when {
        not { branch 'master' }
      }
      steps {
        echo 'Deploying artifacts.'
      }
```

```
        }
      }
    }
}
```

---

allOf

`allOf` 옵션은 중첩된 모든 조건이 참이고, 적어도 1개의 조건이 포함된 경우에 stage 지시어를 실행한다.

```
pipeline {
  agent any
  stages {
    stage('Build') {
      steps {
        echo 'Performing a Build.'
      }
    }
    stage('Example Deploy') {
      when {
        allOf {
          branch 'production'
          environment name: 'region', value: 'apac'
        }
      }
      steps {
        echo 'Deploying artifacts.'
      }
    }
  }
}
```

---

anyOf

`anyOf` 옵션은 적어도 1개의 중첩된 조건이 참이고, 적어도 1개의 조건이 포함된 경우에 stage 지시어를 실행한다.

```
pipeline {
  agent any
  stages {
    stage('Build') {
      steps {
        echo 'Performing a Build.'
      }
    }
    stage('Static Code Analysis') {
      when {
        anyOf {
          branch 'master'
          branch 'dev'
        }
      }
      steps {
        echo 'Performing Static Code Anlaysis.'
      }
    }
  }
}
```

스테이지의 에이전트로 진입하기 전 평가

기본적으로 stage 지시어는 스테이지에 정의된 에이전트로 진입하기 전에 평가된다.

이런 동작을 바꾸려면, when {} 블록 안에서 beforeAgent 옵션을 사용한다.

```
pipeline {
  agent none
  stages {
    stage('Build') {
      agent {
        label 'ubuntu_maven'
      }
      when {
        beforeAgent true
```

```
      branch 'master'
    }
    steps {
      echo 'Performing a build.'
    }
  }
 }
}
```

순차 스테이지

선언형 파이프라인의 다중 stage 지시어는 순차적으로 정의될 수 있다. stage 지시어에
는 steps {}, parallel {}, stages {} 블록만이 포함될 수 있다.

단순 순차 스테이지

그림 4-1은 다중 stage 지시어의 단순 순차 흐름을 보여준다.

▲ 그림 4-1 단순 순차 스테이지

다음은 그림 4-1의 파이프라인 흐름도를 코드로 표기한 것이다.

▼ 단순 순차 스테이지가 있는 파이프라인 코드 예

```
pipeline {
  agent {
    label 'master'
  }
  stages {
    stage('Stage 1') {
```

```
      steps {
        echo "Running Stage 1"
      }
    }
    stage('Stage 2') {
      steps {
        echo "Running Stage 2"
      }
    }
    stage('Stage 3') {
      steps {
        echo "Running Stage 3"
      }
    }
  }
}
```

pipeline {} 블록에는 의무적으로 stages {} 블록이 포함된다. 순차적으로 실행돼야 하는 모든 stage 지시어는 stages {} 블록 안에서 하나씩 순서대로 정의돼야 한다.

중첩 순차 스테이지

선언형 파이프라인에서는 다른 stage 지시어 안에 순서대로 존재하는 다중 stage 지시어를 중첩할 수 있다. 그림 4-2는 다중 중첩 stage 지시어를 보여준다.

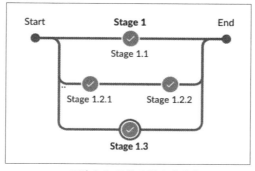

▲ 그림 4-2 중첩 순차 스테이지

다음은 그림 4-2의 파이프라인 흐름도를 코드로 표기한 것이다.

▼ 중첩 순차 스테이지가 있는 파이프라인 코드 예

```
pipeline {
  agent {
    label 'master'
  }
  stages {
    stage('Stage 1') {
      parallel {
        stage('Stage 1.1') {
          steps {
            echo "Running Stage 1.1"
          }
        }
        stage('Stage 1.2') {
          stages {
            stage('Stage 1.2.1') {
              steps {
                echo "Running Stage 1.2.1"
              }
            }
            stage('Stage 1.2.2') {
              steps {
                echo "Running Stage 1.2.2"
              }
            }
          }
        }
        stage('Stage 1.3') {
          steps {
            echo "Running Stage 1.3"
          }
        }
      }
    }
  }
}
```

(굵게 강조되어) 순서대로 작성된 2개의 stage 지시어들이 부모 stage('Stage 1.2') {...} 블록 안에 바로 배치되지 않았다는 점을 주목하자. 오히려 이들은 stage('Stage 1.2') {...} 블록 아래 stages {} 블록에 처음으로 추가된다.

병렬 스테이지

선언형 파이프라인에서 다중 stage 지시어는 병렬로 실행되도록 정의할 수 있다. stage 지시어는 한 개의 steps {}, parallel {}, stages {} 블록만 포함할 수 있다. 또한 중첩된 스테이지는 병렬 스테이지를 추가할 수 없다.

agent나 tools 섹션은 steps {} 블록이 없으면 사용할 수 없기 때문에, parallel {} 블록이 있는 stage 지시어는 agent나 tools 섹션을 포함할 수 없다.

단순 병렬 스테이지

그림 4-3은 다중 stage 지시어의 단순 병렬 흐름을 보여준다.

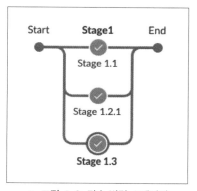

▲ 그림 4-3 단순 병렬 스테이지

다음은 그림 4-3의 파이프라인 흐름도를 코드로 표기한 것이다.

▼ 단순 병렬 스테이지가 있는 파이프라인 코드 예

```
pipeline {
  agent {
    label 'master'
  }
  stages {
    stage('Stage 1') {
      parallel {
        stage('Stage 1.1') {
          steps {
            echo "Running Stage 1.1"
          }
        }
        stage('Stage 1.2') {
          steps {
            echo "Running Stage 1.2"
          }
        }
        stage('Stage 1.3') {
          steps {
            echo "Running Stage 1.3"
          }
        }
      }
    }
  }
}
```

pipeline {} 블록에는 의무적으로 stages {} 블록이 포함된다. 병렬로 실행돼야 하는 모든 stage 지시어는 parallel {} 블록 안에서 하나씩 순서대로 정의돼야 한다. 그런 다음 parallel {} 블록은 부모 stage {} 블록 안에서 정의된다.

중첩 병렬 스테이지

선언형 파이프라인에서는 다른 stage 지시어 안에 병렬로 존재하는 다중 stage 지시어를 중첩할 수 있다. 그림 4-4는 병렬 다중 중첩 stage 지시어를 보여준다.

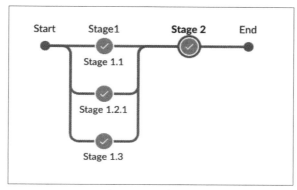

▲ 그림 4-4 중첩 병렬 스테이지

다음은 그림 4-4의 파이프라인 흐름도를 코드로 표기한 것이다.

▼ 중첩 병렬 스테이지가 있는 파이프라인 코드 예

```
pipeline {
  agent {
    label 'master'
  }
  stages {
    stage('Stage 1') {
      parallel {
        stage('Stage 1.1') {
          steps {
            echo "Running Stage 1.1"
          }
        }
        stage('Stage 1.2') {
          steps {
            echo "Running Stage 1.2"
          }
```

```
          }
        stage('Stage 1.3') {
          steps {
            echo "Running Stage 1.3"
          }
        }
      }
    }
    stage('Stage 2') {
      steps {
        echo "Running Stage 2"
      }
    }
  }
}
```

스텝

젠킨스에는 사용 가능한 스텝이 많이 있다. 자세한 내용은 다음 주소를 참조한다.

https://jenkins.io/doc/pipeline/steps/

스크립트형 파이프라인과 호환되는 모든 신규 젠킨스 플러그인은 스텝 목록에 추가된다. 그러나 젠킨스에서 사용 가능한 스텝들이 모두 선언형 파이프라인과 호환되는 것은 아니다. 호환되는 스텝들은 비주얼 파이프라인 에디터 안에서 사용할 수 있다.

비호환 스텝을 선언형 파이프라인에서도 사용하려면 script 스텝이라 불리는 script {} 블록 안에서만 사용해야 한다.

그러나 비주얼 파이프라인 에디터를 사용해 파이프라인을 만드는 경우라면, Run Arbitrary Pipeline Script라는 스텝을 사용해 script 스텝을 작성할 수 있다.

script

간단히 말해, script {} 블록은 선언형 파이프라인에서 스크립트형 파이프라인을 실행하는 역할을 한다.

다음 예제는 아티팩토리 업로드 Filespec을 사용하는 script 스텝이 있는 선언형 파이프라인의 예제 코드다.

▼ script 스텝이 있는 pipeline {} 블록

```
pipeline {
  agent {
    label 'master'
  }
  stages {
    stage('Build') {
      steps {
        echo "Running a Build."
      }
    }
    stage('Publish') {
      steps {
        script {
          // 산출물을 아티팩토리 서버에 업로드하는 코드
          def server = Artifactory.server 'my-server-id'
          def uploadSpec = """{
            "files":[
              {
                "pattern": "bazinga/*froggy*.zip",
                "target": "bazinga-repo/froggy-files/"
              }
            ]
          }"""
          server.upload(uploadSpec)
        }
      }
    }
  }
}
```

script {} 블록 안에서 실행할 수 있는 스크립트형 파이프라인의 크기 제한은 없다. 그러나 여러 줄이 넘어가는 코드라면 모두 공유 라이브러리로 옮기는 것이 좋다. 또한 여러 파이프라인들에서 공통으로 사용하는 코드도 공유 라이브러리로 옮겨야 한다.

6장에서는 script 스텝과 공유 라이브러리로 젠킨스 블루오션, 즉 선언형 파이프라인을 확장하는 방법을 배울 예정이다.

요약

4장에서는 섹션과 지시어, 스텝 그리고 순차 및 병렬 스테이지에 대해 자세히 알아봤다. 앞부분에서 이미 언급했듯이 개발자들은 선언형 파이프라인 구문에 제한이 있다고 느낄 수 있다. 그러나 이 구문은 배우고 유지보수를 하기가 쉽다.

스크립형 파이프라인과 달리, 선언형 파이프라인은 제한적이어서 직접 해결할 수 없는 문제가 있기도 하다. 그러나 이러한 부족한 점은 script 스텝과 공유 라이브러리를 사용함으로써 보완할 수 있다.

5장에서는 선언형 파이프라인 코드를 작성하는 데 도움이 되는 몇 가지 도구를 살펴본다.

5장

선언형 파이프라인 개발 도구

5장에서는 선언형 파이프라인 코드를 작성하는 데 도움이 되는 다양한 에디터와 플러그인, 젠킨스 도구를 다룬다.

구체적으로는 자동 완성, 구문 강조, 젠킨스 파일 유효성 검증이 5장에서 다룰 내용이며, 이 기능들을 간단히 설명하면 다음과 같다.

- **자동 완성**: 사용자가 입력하는 내용의 나머지 코드를 제안하는 기능
- **구문 강조**: 용어의 종류에 따라 글꼴과 색깔을 달리하여 소스 코드를 출력하는 기능
- **젠킨스 파일 유효성 검증**: 젠킨스 파일의 구문과 들여쓰기 등의 오류 여부를 검사하는 기능

또한 스니핏 생성기와 선언형 지시어 생성기처럼 선언형 파이프라인 코드 작성에 도움이 되는 젠킨스 네이티브 도구들도 살펴본다.

아톰 에디터의 자동 완성 및 구문 강조 기능

이번 절에서는 젠킨스 파일을 작성하는 데 유용한 아톰^Atom 에디터용 패키지의 설치 및 사용법을 배운다. 우선 설치 및 구성을 한 후, 이어서 사용법을 배우기로 하자.

자동 완성 및 구문 강조용 패키지 설치

아톰 에디터에서 자동 완성 및 구문 강조 표시 기능을 사용하려면 language-jenkinsfile 패키지를 설치해야 한다. 다음 절차대로 진행한다.

1. 아톰 에디터를 연다. 이 글을 쓰는 시점에 사용한 버전은 1.30.0이다.
2. File > Settings에서 설정 페이지를 연다. 또는 Ctrl+Comma를 누른다.
3. 설정 페이지의 왼쪽 사이드 메뉴에서 Install을 클릭한다. 다음으로 검색 필드(❶)를 사용해 'language-jenkinsfile'을 검색한다. 그림 5-1을 참조하자.

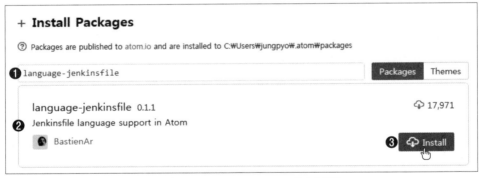

▲ 그림 5-1 language-jenkinsfile 패키지 설치

4. 필요한 패키지를 찾으면(❷), Install 버튼(❸)을 클릭해 설치한다.
5. 설치된 패키지는 추가 구성 없이 바로 사용할 수 있다.

config.cson 파일 수정

아톰 에디터가 젠킨스 파일을 식별하게 해보자. 이를 위해서는 아톰 에디터의 config. cson 파일을 수정해야 한다. 다음 절차대로 진행한다.

1. File > Config...에서 config.cson 파일을 연다.

2. 다음 문장을 config.cson 파일 끝부분에 추가한다.

```
'file-types':
'Jenkinsfile*': 'Jenkisfile.xml'
```

> 젠킨스 파일로 사용할 파일의 이름은 항상 Jenkinsfile 또는 Jenkinsfile-〈텍스트〉로 지정하는 것이
> 좋다. 왜냐하면 젠킨스 파일은 확장자가 없기 때문에, 아톰 에디터가 Jenkinsfile이라는 파일명을 기
> 준으로 식별하기 때문이다.

자동 완성 및 구문 강조 사용

자동 완성과 구문 강조 기능이 실제로 동작하는지를 확인하기 위해, File > Add Project Folder...를 클릭하거나, Ctrl+Shift+A를 눌러, 새로운 프로젝트를 연다.

다음으로, A를 눌러 프로젝트 루트 폴더에 새 파일(젠킨스 파일)을 생성한다. 새 파일의 이름을 입력하라는 프롬프트가 나오면, 'Jenkinsfile'이라고 입력한다. 입력을 완료하기 전에 프로젝트의 루트 폴더가 선택됐는지를 확인해야 하며, 그렇지 않으면 파일이 다른 폴더에 생성될 수도 있다.

새 파일(젠킨스 파일)을 추가하면, 아톰 에디터가 자동으로 이 파일을 젠킨스 파일로 인식한다. 선언형 파이프라인 코드 중 아무거나 하나를 입력해보자. 그러면 자동 완성 제안이 나타난다(그림 5-2 참조).

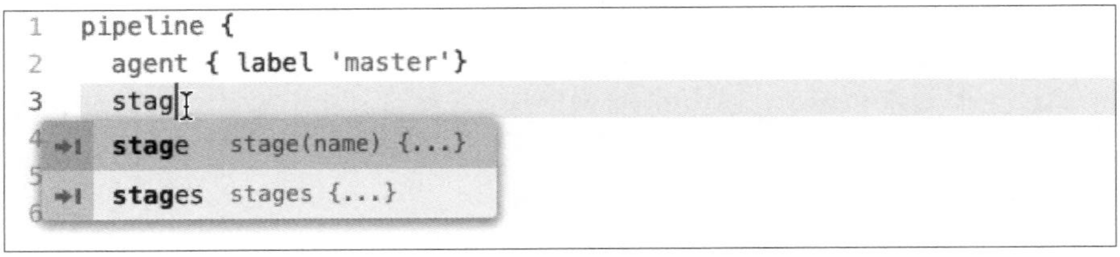

▲ 그림 5-2 아톰 에디터의 자동 완성 및 구문 강조

아톰 에디터의 language-jenkinsfile 패키지에 대해 자세히 알고 싶다면 다음 링크를 참고한다.

• https://github.com/BastienAr/language-jenkinsfile

비주얼 스튜디오 코드의 구문 강조 및 젠킨스 파일 유효성 검증

이번 절에서는 젠킨스 파일을 작성하는 데 유용한 비주얼 스튜디오 코드용 확장 프로그램의 설치 및 사용법을 배운다. 우선 설치 및 구성을 한 후, 이어서 사용법을 배우기로 하자.

구문 강조 확장 프로그램 설치

비주얼 스튜디오 코드에서 구문 강조 표시 기능을 사용하려면, Declarative Jenkinsfile Support 확장 프로그램을 설치해야 한다. 다음 절차대로 진행한다.

1. 비주얼 스튜디오 코드 에디터를 연다. 이 글을 쓰는 시점에 사용한 버전은 1.27.2이다.

2. File ➤ Preferences ➤ Extensions에서 확장 프로그램 페이지를 연다. 또는 Ctrl+Shift+X 를 누른다.

3. 다음으로 Search Extensions in Marketplace 필드를 사용해 'Declarative Jenkinsfile Support'(❶)를 검색한다. 검색된 항목이 나타나면(❷), Install 버튼(❸)을 클릭해 설치한다. 설치가 끝나면 Installed(❹)로 표시되며, Reload 버튼이 나타나는 경우에는 이를 클릭해 확장 프로그램을 로드한다(그림 5-3 참조).

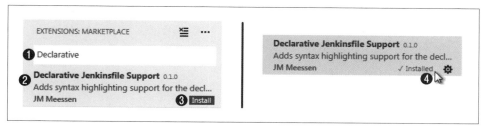

▲ 그림 5-3 Declarative Jenkinsfile Support 확장 프로그램 설치

4. 설치된 확장 프로그램은 추가 구성 없이 바로 사용할 수 있다.

젠킨스 파일 유효성 검증용 확장 프로그램 설치

마찬가지로, 비주얼 스튜디오 코드에서 젠킨스 파일 유효성 검증 기능을 사용하려면 Jenkins Pipeline Linter Connector 확장 프로그램을 설치해야 한다. 다음 절차대로 진행한다.

1. File ➤ Preferences ➤ Extensions에서 확장 프로그램 페이지를 연다. 또는 Ctrl+Shift+X를 누른다.

2. 다음으로 Search Extensions in Marketplace 필드를 사용해 'Jenkins Pipeline Linter Connector'(❶)를 검색한다. 검색된 항목이 나타나면(❷), Install 버튼(❸)을 클릭해 설치한다. 설치가 끝나면 Installed(❹)로 표시되며, Reload 버튼이 나타나는 경우에는 이를 클릭해 확장 프로그램을 로드한다(그림 5-4 참조).

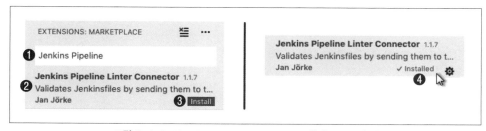

▲ 그림 5-4 Jenkins Pipeline Linter Connector 확장 프로그램 설치

3. 그러나 이 확장 프로그램은 사용하기 전에 구성이 필요한데, 다음 절을 참고한다.

settings.json 파일 수정

어떤 에디터를 사용하든 젠킨스 파일 유효성 검증을 하려면 젠킨스 서버와의 연결이 필요하다. Jenkins Pipeline Linter Connector 확장 프로그램을 실행하려면 비주얼 스튜디오 코드에서 setting.json 파일의 젠킨스 서버 정보를 추가해야 한다. 이를 위해 다음 절차대로 진행한다.

1. 비주얼 스튜디오 코드를 연다.

2. File–Preference–Settings에서 설정 페이지를 연다. 또는 **Ctrl+Comma**를 누른다.

3. 설정 페이지에서 **Open Settings (JSON)** 아이콘(❶)을 클릭한다(그림 5–5 참조).

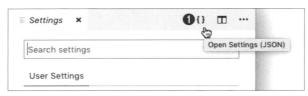

▲ 그림 5–5 settings.json 파일 열기

4. 파일이 열리면, 좌측에서는 DEFAULT USER SETTINGS를, 우측에서는 USER SETTINGS를 볼 수 있다. 다음 코드를 USER SETTINGS의 {} 안에다 추가한다. 이 코드는 비주얼 스튜디오 코드와 젠킨스 서버를 연결함으로써 젠킨스 파일 유효성 검증을 할 수 있게 한다.

```
"jenkins.pipeline.linter.connector.url": \
"<젠킨스 서버 URL>/pipeline-model-converter/validate",
"jenkins.pipeline.linter.connector.user": "<젠킨스 사용자명>",
"jenkins.pipeline.linter.connector.pass": "<젠킨스 비밀번호 또는 API 키>",
"jenkins.pipeline.linter.connector.crumbUrl": \
"<젠킨스 서버 URL>/crumbIssuer/api/xml?xpath= \
concat(//crumbRequestField,%22:%22,//crumb)",
```

5. 같은 USER SETTINGS의 {} 안에다 다음 코드를 추가한다. 이 코드는 비주얼 스튜디오 코드가 Jenkinsfile이나 Jenkinsfile-<텍스트>를 포함하는 파일을 Jenkinsfile DeclarativePipeline으로 간주하는 기능을 한다.

```
"files.associations": {
  "Jenkinsfile*": "declarative"
}
```

구문 강조 및 젠킨스 파일 유효성 검증 사용

구문 강조 및 젠킨스 파일 유효성 검증 기능이 동작하는지 보려면, 비주얼 스튜디오 코드의 File ➤ Open Folder...에서 새로운 폴더를 연다. 또는 Ctrl+K나 Ctrl+O를 누른다.

다음으로, 프로젝트의 루트 폴더에 새로운 파일(젠킨스 파일)을 생성한다. 새 파일의 이름을 입력하라는 프롬프트가 나오면, 'Jenkinsfile'이라고 입력한다.

새 파일(젠킨스 파일)을 추가하면, 비주얼 스튜디오 에디터가 자동으로 이 파일을 젠킨스 파일로 인식한다. 선언형 파이프라인 코드 중 아무거나 하나를 입력해보자. 그러면 자동 완성 제안이 나타난다.

젠킨스 파일 유효성 검증을 하기 위해, 일부러 잘못된 코드를 입력해보자. 예를 들어, 여는 괄호나 닫는 괄호 중 하나를 삭제한다. Ctrl+S를 눌러 파일을 저장한다. Shift+Alt+V를 눌러 유효성 검증을 한다(그림 5-6 참조).

> 비주얼 스튜디오 코드의 Declarative Jenkinsfile Support 확장 프로그램에 대해 자세히 알고 싶다면 다음 링크를 참고한다.
>
> • https://github.com/jmMeessen/vsc-jenkins-declarative
>
> 비주얼 스튜디오 코드의 Jenkins Pipeline Linter Connector 확장 프로그램에 대해 자세히 알고 싶다면 다음 링크를 참고한다.
>
> • https://github.com/janjoerke/vscode-jenkins-pipeline-linter-connector

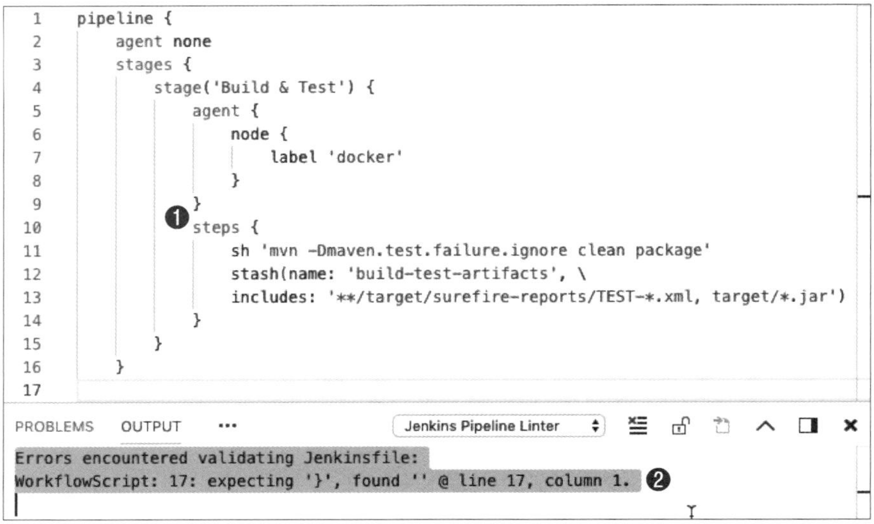

```
 1    pipeline {
 2        agent none
 3        stages {
 4            stage('Build & Test') {
 5                agent {
 6                    node {
 7                        label 'docker'
 8                    }
 9                }
10    ❶   steps {
11                    sh 'mvn -Dmaven.test.failure.ignore clean package'
12                    stash(name: 'build-test-artifacts', \
13                    includes: '**/target/surefire-reports/TEST-*.xml, target/*.jar')
14                }
15            }
16        }
17
```

PROBLEMS   OUTPUT   ···   Jenkins Pipeline Linter ⬍   ⬇ 🔓 ⬆ ∧ ☐ ✕

```
Errors encountered validating Jenkinsfile:
WorkflowScript: 17: expecting '}', found '' @ line 17, column 1.  ❷
```

▲ 그림 5-6 비주얼 스튜디오 코드의 구문 강조 및 젠킨스 파일 유효성 검증

이클립스 IDE의 자동 완성, 구문 강조, 젠킨스 파일 유효성 검증

이번 절에서는 젠킨스 파일을 작성하는 데 유용한 이클립스 IDE용 플러그인의 설치 및 사용법을 배운다. 우선 설치 및 구성을 한 후, 이어서 사용법을 배우기로 하자.

자동 완성, 구문 강조, 젠킨스 파일 유효성 검증용 플러그인 설치

이클립스 IDE에서 자동 완성, 구문 강조, 젠킨스 파일 유효성 검증 기능을 사용하려면, Jenkins Editor 플러그인을 설치해야 한다. 다음 절차대로 진행한다.

1. 이클립스 IDE를 연다. 이 글을 쓰는 시점에 사용한 이클립스 버전은 포톤 릴리스 Photon Release(4.8.0)다.

2. Jenkins Editor 플러그인을 설치하기 위해, Help ➤ Eclipse Marketplace에서 Eclipse Marketplace를 연다.

3. Find: 필드(❶)를 사용해 'Jenkins Editor'를 검색한다. 검색된 항목이 나타나면(❷), Install 버튼(❸)을 클릭해 설치한다(그림 5-7 참조).

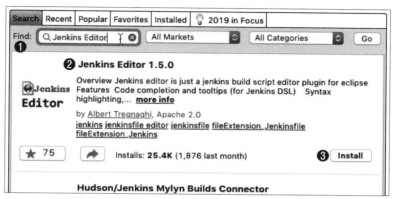

▲ 그림 5-7 이클립스 IDE의 구문 강조 및 젠킨스 파일 유효성 검증

4. 라이선스를 검토하라는 메시지가 나타나면, 이용 약관에 동의하고 Finish 버튼을 클릭한다.

Jenkins Editor 플러그인 설정 변경

어떤 에디터를 사용하든 젠킨스 파일 유효성 검증을 하려면 젠킨스 서버와의 연결이 필요하다. Jenkins Editor 플러그인을 실행하려면 설정에서 젠킨스 서버 정보를 추가해야한다. 이를 위해 다음 절차대로 진행한다.

1. 이클립스 IDE를 열고, Window > Preferences > Jenkins Editor로 이동한다. 그림 5-8 처럼 설정을 한다. 각 설정의 이름을 보면 그 의미를 알 수 있다.

▲ 그림 5-8 이클립스 IDE의 Jenkins Editor 플러그인 설정

2. 설정을 저장하기 전에, **Test Connection** 버튼을 클릭해 이클립스 IDE와 젠킨스 서버의 연결을 확인할 수 있다.

자동 완성, 구문 강조, 젠킨스 파일 유효성 검증 실행

자동 완성과 구문 강조 기능이 실제로 동작하는지를 확인하기 위해, 이클립스 IDE의 File ➤ Open Projects from File System...에서 기존 프로젝트를 연다.

다음으로, 프로젝트 루트 폴더에 새 파일(젠킨스 파일)을 생성한다. 이를 위해 프로젝트 루트 폴더에서 우클릭을 하고, **New ＞ File**을 선택한다. 새 파일의 이름을 입력하라는 프롬프트가 나오면, 'Jenkinsfile'이라고 입력하고 **Finish** 버튼을 클릭한다.

새 파일(젠킨스 파일)을 추가하면, 이클립스 IDE가 자동으로 이 파일을 젠킨스 파일로 인식한다. 검증을 위해 빈 파일의 아무 곳이나 클릭하고, **Ctrl+Shift**나 **Crtl+P**를 누른다. 그러면 선택한 코드 스니핏에 대한 간략한 설명(❷)이 나타나거나, 상황에 따라서 자동 완성 제안이 나타난다(그림 5-9 참조).

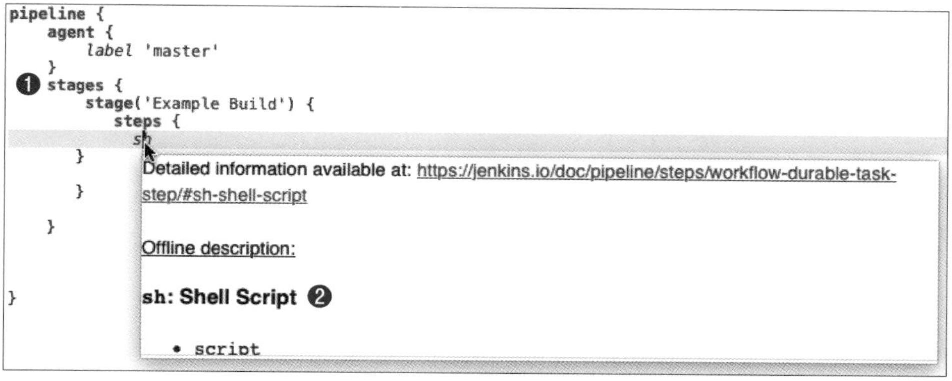

```
pipeline {
    agent {
        label 'master'
    }
❶ stages {
        stage('Example Build') {
            steps {
                sh
            }
        }
    }
}
```

Detailed information available at: https://jenkins.io/doc/pipeline/steps/workflow-durable-task-step/#sh-shell-script

Offline description:

sh: Shell Script ❷

• script

▲ 그림 5-9 이클립스 IDE의 자동 완성 및 구문 강조

다음으로, 선언형 파이프라인 코드를 입력해보자. 그러면 구문 강조(❶) 기능이 동작하는 것을 볼 수 있다.

젠킨스 파일 유효성 검증을 하기 위해, 일부러 잘못된 코드를 입력해보자. 예를 들어, 여는 괄호나 닫는 괄호 중 하나를 삭제한다. **Ctrl+S**를 눌러 파일을 저장한다. 에러가 있을 경우에는 즉시 각 라인 번호에 빨간색 ×가 표시되는 모습을 확인할 수 있다(그림 5-10 참조). 빨간색 × 표시(❶) 위에 마우스를 올리면, 에러 메시지(❷)가 표시된다.

```
Jenkinsfile ⌘
 1 pipeline {
 2     agent {
 3         label 'master'
 4     }
 5     stages {
 6         stage('Example Build') {
 7             steps {
 8                 sh 'gradlew build'
 9             }
10         }
11     }
12
13     expecting '}', found ''
```

▲ 그림 5-10 이클립스 IDE의 젠킨스 파일 유효성 검증

이클립스 IDE의 Jenkins Editor 플러그인에 대해 자세히 알고 싶다면 다음 링크를 참고한다.

• https://github.com/de-jcup/eclipse-jenkins-editor

젠킨스의 선언형 지시어 생성기

지시어 생성기^{Directive Generator}를 사용하면 agent나 stage, when 등의 선언형 파이프라인 지시어용 코드를 생성할 수 있다(그림 5-11 참조).

Directives

❶ Sample Directive agent: Agent   ⬍

                    See the online documentation for more information on the agent directive. ❓

❷ Agent label: Run on an agent matching a label   ⬍ ❓

                    Label master

❸ **Generate Declarative Directive**

❹ agent {
    label 'master'
  }

▲ 그림 5-11 선언형 지시어 생성기

이를 위해서는, Sample Directive 드롭다운 목록(❶)에서 원하는 지시어를 선택한다. 그러면 그 아래에 새로운 양식이 나타난다(❷). 새로운 양식에는 선택한 지시어와 관련된 설정 항목들이 표시된다.

지시어와 관련된 모든 옵션을 채웠다면, Generate Declarative Directive 버튼(❸)을 클릭한다. 그러면 아래의 텍스트 상자에 파이프라인 코드가 출력된다(❹). 이렇게 생성된 코드는 젠킨스 파일로 복사할 수 있다.

선언형 지시어 생성기를 사용하려면 〈젠킨스 서버 URL〉/job/〈젠킨스 작업명〉/pipeline-syntax/라는 주소를 이용하거나, 젠킨스 블루오션 대시보드에서 원하는 프로젝트를 클릭한다. 그런 다음, 프로젝트 대시보드에서 Configure 아이콘(❶)을 클릭한다(그림 5-12 참조). 새 탭에 프로젝트 구성 페이지가 열린다. 여기서 프로젝트의 드롭다운 메뉴 옵션(❷)을 클릭하고, Pipeline Syntax(❸)를 선택한다.

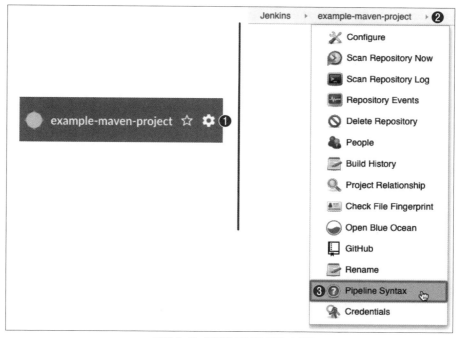

▲ 그림 5-12 선언형 지시어 생성기 사용

그림 5-13은 선언형 지시어 생성기에서 사용 가능한 모든 섹션과 지시어 목록을 보여준다.

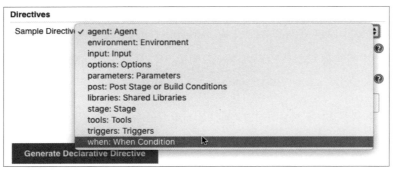

▲ 그림 5-13 선언형 지시어 생성기에서 사용 가능한 모든 섹션과 지시어 목록

젠킨스의 스니핏 생성기

스니핏 생성기Snippet Generator를 사용하면 스크립트형 파이프라인 요소의 코드를 생성할 수 있다. 사용 가능한 옵션의 목록은 설치된 플러그인 중 스크립트형 파이프라인을 지원하는 플러그인과 일치한다(그림 5-14 참조).

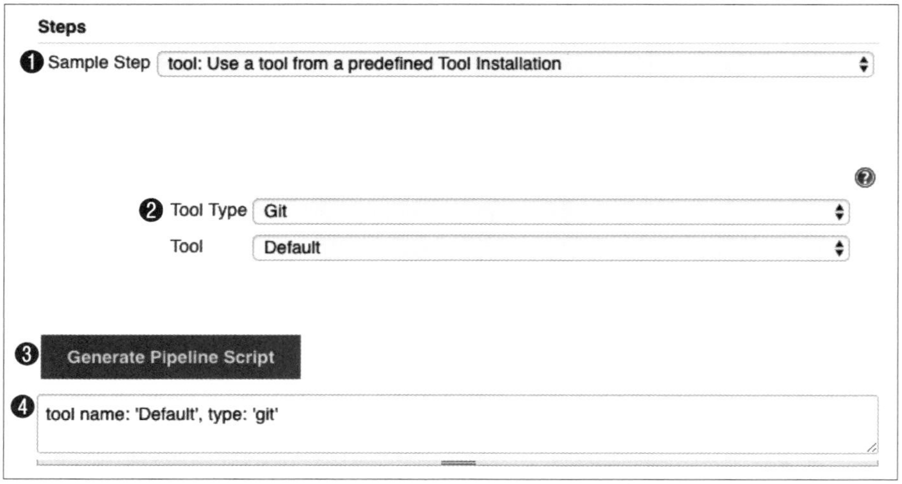

▲ 그림 5-14 스니핏 생성기

이를 위해서는 Sample Step 드롭다운 목록(❶)에서 원하는 스텝을 선택한다. 그러면 그 아래에 새로운 양식이 나타난다(❷). 새로운 양식에는 선택한 스텝과 관련된 설정 항목들이 표시된다.

스텝과 관련된 모든 옵션을 채웠다면, Generate Pipeline Script 버튼(❸)을 클릭한다. 그러면 아래의 텍스트 상자에 파이프라인 코드가 출력된다(❹). 이렇게 생성된 코드는 젠킨스 파일의 script {} 블록 안에 복사할 수 있다. 기억해둬야 할 것은 스니핏 생성기로 생성한 코드는 항상 선언형 파이프라인의 script {} 블록 안에 두어야 한다는 것이다. 반면, 스크립트형 파이프라인을 사용하는 경우라면 그렇게 하지 않아도 된다.

명령행을 사용한 젠킨스 파일의 유효성 검증

이전 절에서는 자동 완성, 구문 강조, 젠킨스 파일 유효성 검증 기능을 사용하는 데 유용한 텍스트 에디터를 알아봤다.

그러나 만약 5장에서 설명한 도구들을 사용하지 않는 사용자라면 어떻게 해야 할까? 이런 경우에도 자동 완성과 구문 강조를 지원하는 방법이 있을지는 모르지만, 젠킨스 파일 유효성 검증을 하는 명령행 옵션은 존재한다. 추가로 필요한 것은 젠킨스 서버뿐이다.

젠킨스 파일을 처음 작성하는 경우, 파이프라인 구문에서 실수하는 것은 지극히 자연스런 일이다. 작성한 파이프라인이 오타 때문에 실패하면 꽤 당황하게 된다. 그렇기 때문에 젠킨스 파일의 오류를 항상 점검하는 것이 좋다. 여기서는 curl과 HTTP POST 요청을 사용해 젠킨스 파일의 유효성을 검증하는 실습을 해본다.

1. curl은 리눅스에 기본적으로 설치된다. 그러나 윈도우의 경우에는 별도 설치가 필요하다. https://curl.haxx.se/windows/에서 다운로드하고 설치한다.
2. curl --version 명령어를 실행해 설치가 제대로 됐는지 확인한다.
3. 젠킨스의 URL을 기록해둔다.

4. 또한 젠킨스의 Crumb도 구해둔다. 젠킨스에 따르면 Crumb은 해시값으로서, 보호된 비공개 정보를 포함하여 요청을 보내는 에이전트를 고유하게 식별하는 정보를 포함하기 때문에 제3자가 위조할 수 없는 값이다.

5. 젠킨스의 Crumb을 얻으려면, 다음 명령어를 실행한다.

```
curl "<젠킨스 서버 URL>/crumbIssuer/api/xml? \
xpath=concat(//crumbRequestField,\":\",//crumb)"
```

6. 이제 <젠킨스 서버 URL>, <젠킨스 파일의 경로>, <젠킨스 Crumb> 정보를 가지고 다음 명령어를 완성하고, 실행한다.

```
curl -X POST -H <젠킨스 Crumb> -F \
"jenkinsfile=<젠킨스 파일의 경로>" \
<젠킨스 서버 URL>/pipeline-model-converter/validate
```

▼ 예제

```
curl -X POST -H jaskdsad93ewewdqdqdk -F \
"jenkinsfile=</home/dev/Jenkinsfile" \
http://jenkinsurl.com/pipeline-model-converter/validate
```

▼ 출력

```
Jenkinsfile successfully validated.
```

만약 curl 명령에 대한 출력이 'Jenkinsfile successfully validated.'라면, 성공한 것이다. 그 외의 결과가 나왔다면 젠킨스 파일에 오타에 대한 정보가 나타난다.

요약

선언형 구문으로 젠킨스 파일을 작성하는 경우라면, 5장에서 소개한 개발 도구들을 사용해야 한다.

때때로 개발자들에게는 비주얼 파이프라인 에디터보다는 텍스트로 젠킨스 파일을 작성하는 게 더 편하다. 이런 경우에는 5장에서 설명한 에디터와 관련 플러그인을 함께 사용하면 편리하다.

독자가 선호하는 텍스트 에디터가 자동 완성이나 구문 강조, 젠킨스 파일 유효성 검증 등을 지원하지 않는다면, 젠킨스에서 지원하는 선언형 지시어 생성기나 스니핏 생성기가 유용할 것이다.

6장에서는 스니핏 생성기에 대해 자세히 배우고, 젠킨스 공유 라이브러리로 고급 파이프라인을 작성해볼 예정이다.

6장

공유 라이브러리 작업

코드 방식의 파이프라인은 CI/CD 파이프라인을 쉽고 편하게 설계하고 유지할 수 있도록 한다. 지금까지 다룬 내용을 통해 독자들도 충분히 이런 장점을 느꼈으리라 생각한다. 젠킨스 2.0과 함께 소개된 이 기능 덕분에 모든 사용자가 복잡하면서도 유연한 CI/CD 파이프라인을 쉽게 사용할 수 있게 됐다.

이 방식은 기존의 다중 프리스타일 파이프라인 작업으로 이뤄진 방대한, GUI 기반 CI/CD 파이프라인을 넘어서는 큰 개선이라 할 수 있다. 게다가 블루오션은 이른바 비주얼 파이프라인 에디터를 사용해 사용자가 CI/CD 파이프라인을 쉽게 설계할 수 있게 함으로써 더 큰 개선을 이뤘다. 블루오션에서 선언형 파이프라인 구문을 사용하는 것도 크게 칭찬받아야 할 선택이다.

CI/CD 방식을 따르는 조직이라면 대부분 적지 않은 파이프라인 프로젝트를 운영하고 있을 것이다. 일부 조직은 그 수가 수백 개에 이르는 경우도 있다. 이를 개선하는 하는 방법은 있을까? 각기 다른 파이프라인에서 공통된 코드를 반복해서 작성하지 않으려면 어떻게 해야 할까? 이에 대한 대답이 바로 공유 라이브러리다.

6장에서 다루는 내용은 다음과 같다.

- 공유 라이브러리를 사용하는 이유
- 공유 라이브러리의 동작 방식
- 공유 라이브러리 검색
- 파이프라인에서 공유 라이브러리 사용하기
- 공유 라이브러리 생성

공유 라이브러리를 사용하면 코드 방식 파이프라인의 이점을 추가로 얻을 수 있다. 공유 라이브러리의 개념은 재사용 가능한 코드를 선별하여 필요에 따라 여러 파이프라인에서 재사용할 수 있도록 별도의 파이프라인 라이브러리로 저장하는 것이다. 지금부터 젠킨스 공유 라이브러리에 대해 자세히 알아보자.

공유 라이브러리를 사용하는 이유

회사에서 다중 CI/CD 파이프라인 프로젝트를 운영하고, 프로젝트마다 (소나큐브 ^{SonarQube}를 사용하는) 정적 코드 분석 단계가 있다고 가정해보자.

각 파이프라인에 대한 정적 코드 분석용 파이프라인 코드(선언형/스크립트형)를 작성하는 것보다는, 공통 코드를 똑똑하게 분리해서 (마치 함수처럼 동작하는) 공통 영역에 파이프라인 라이브러리로 저장한 후, CI/CD 파이프라인 프로젝트에서 필요할 때마다 불러서 사용하는 방식이 합리적일 것이다. 이런 식으로 CI/CD 인프라 안에 코드 중복을 피하고, 코드 재사용을 가능케 할 수 있다.

> 소나큐브 예제에서는 파이프라인 프로젝트마다 정적 코드 분석을 위한 정보를 담고 있는 프로젝트 구성 파일(sonar-project.properties)을 사용한다고 가정한다.

이 외에도 수많은 예제가 만들어질 수 있다. 재사용할 수 있다고 생각되는 것은 무엇이든 공유 라이브러리에 저장해야 한다. 시간이 지나면서 라이브러리에 재사용 가능한 함수 모음이 만들어질 것이다. 이렇게 만들어진 공유 라이브러리는 코드를 읽기 쉽고, 공유하기 좋게 만들어줄 것이다.

공유 라이브러리의 동작 방식

다음은 공유 라이브러리와 파이프라인이 어떻게 동작하는지를 간단하게 알려주는 네 단계다.

- **1단계**: 우선 공유 라이브러리 파일만 저장하는 목적의 깃 저장소를 초기화한다.
- **2단계**: 그루비 스크립트를 몇 개 생성해 깃 저장소에 추가한다. 뒷부분의 '공유 라이브러리 생성' 절에서 공유 라이브러리로 제공되는 그루비 스크립트 작성법을 배운다.
- **3단계**: 다음으로 젠킨스 안에 공유 라이브러리 저장소 상세 정보를 구성한다. 뒷부분의 '공유 라이브러리 검색' 절에서 공유 라이브러리를 사용할 수 있도록 젠킨스를 구성하는 방법을 배운다.
- **4단계**: 마지막으로 공유 라이브러리를 파이프라인으로 가져온다. 뒷부분의 '파이프라인에서 공유 라이브러리 사용하기' 절에서 공유 라이브러리를 파이프라인으로 호출하는 방법을 배운다.

공유 라이브러리의 디렉토리 구조

젠킨스 공유 라이브러리는 그림 6-1처럼 디렉토리 구조를 가져야 한다.

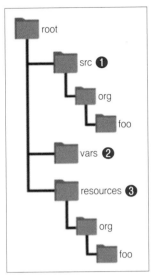

▲ 그림 6-1 젠킨스 공유 라이브러리의 디렉토리 구조

그럼 각 디렉토리 항목에 대해 알아보자.

src 디렉토리(❶)는 표준 자바 소스 디렉토리 구조와 비슷하다. 이 디렉토리는 파이프라인이 실행될 때 classpath에 추가된다. 사용 가능한 클래스들은 import 문으로 로드한다.

vars 디렉토리(❷)에는 전역 변수를 정의하는 다중 그루비 파일이 저장된다. 이들 전역 변수는 script {} 블록을 사용해 파이프라인에서 접근할 수 있다. 마찬가지로, vars 디렉토리에는 그루비 스크립트 안에 정의될 수 있는 커스텀 스텝도 저장된다. 각 그루비 파일의 기본 이름은 카멜케이스를 따르는 Groovy(~ Java) 식별자가 되어야 한다.[1]

이상의 요소로 구성된 젠킨스 공유 라이브러리를 사용하는 파이프라인이 실행을 끝내면, vars 디렉토리에서의 스텝이 〈젠킨스 URL〉/pipeline-syntax/globals 페이지에 목록이 표시된다. 또한 라이브러리 vars 디렉토리 안에 해당 .txt 파일을 추가해, 이에 대한 추가

---

1 카멜케이스(camel case): 'camel caps'라고도 부르며, camelCase로 주로 사용된다. 복합어나 구문을 만드는 규칙으로, 각 단어나 약어의 중간에 공백이나 구두점 없이 대문자로 시작한다. ⓓ eBay, iPhone, userName, anonymousUser

문서를 제공할 수도 있다. 이런 식으로 팀 내 다른 팀원에게 스텝에 대한 추가 정보를 제공할 수 있다.

resources 디렉토리(❸)를 사용하면 libraryResource 스텝을 사용해 로드된 그루비/자바가 아닌 파일도 추가적으로 저장할 수 있다. resources 디렉토리의 내용은 외부 라이브러리에서 사용된다.

공유 라이브러리 검색

이번 절에서는 공유 라이브러리를 검색하는 두 가지 방법을 알아본다. 한 가지는 젠킨스에서 사전 구성된 설정을 사용하는 방법이고, 다른 한 가지는 실행 중인 파이프라인에서 직접 검색하는 방법이다. 두 가지 방법을 자세히 알아보자.

젠킨스에서 사전 구성된 설정을 사용해 공유 라이브러리 검색

이 방법에서는 공유 라이브러리를 검색하기 위해 젠킨스에게 이름, 위치, 자격 증명 및 기타 파라미터를 알려준다. 젠킨스 전역 설정이나 폴더/파이프라인 프로젝트 레벨에서 필요한 구성을 만듦으로써 전역 수준에서 작업을 할 수 있다. 그럼에도 불구하고 설정과 옵션 구성은 둘 다 같은 레벨로 유지된다.

차이점은 그 범위에 있다. 젠킨스 전역 설정 안에서 정의된 공유 라이브러리는 모든 파이프라인에서 사용할 수 있다. 반면, 폴더/파이프라인 프로젝트 레벨에서 정의된 공유 라이브러리는 폴더 내부나 특정 파이프라인 프로젝트에서만 사용할 수 있다. 그러면 젠킨스의 전역 설정을 사용해 공유 라이브러리를 가져오는 방법을 알아보자.

1. 젠킨스 블루오션 대시보드에서, 상단 메뉴바의 **Administration** 링크를 클릭한다. 그리고 **Manage Jenkins** 페이지가 나오면 **Configure System** 링크를 클릭한다.

2. **Configure System** 페이지에서, **Global Pipeline Libraries** 섹션이 나올 때까지 내려간다.

3. Add 버튼을 클릭해 새로운 라이브러리를 추가한다(그림 6-2 참조). 공유 라이브러리는 원하는 만큼 추가할 수 있다.

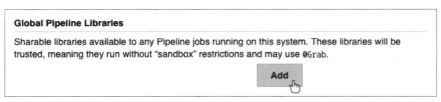

▲ 그림 6-2 전역 파이프라인 라이브러리 추가

4. Add 버튼을 클릭하면, 구성이 필요한 설정이 나타난다(그림 6-3 참조). 항목을 하나씩 살펴보자.

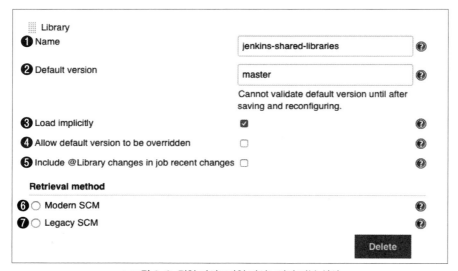

▲ 그림 6-3 전역 파이프라인 라이브러리 기본 설정

Name 필드(❶)는 라이브러리를 선택할 때 사용하는 식별자 역할을 한다. 나중에 파이프라인의 @Library 애노테이션에서 사용된다.

Default version 필드(❷)에서는 공유 라이브러리 저장소의 브랜치명, 태그, 커밋 해시를 지정할 수 있다. 그림 6-3에서는 master 브랜치로 지정했다. 결과적으로, 실행 중인 파이프라인은 master 브랜치에서 공유 라이브러리의 최신 버전을 로드하게 된다.

> 환경 변수 library.THIS_NAME.version은 (**Default version(❷**)에서 왔든, @separator 이후에 애노테이션에서 왔든) 빌드용으로 로드된 버전으로 값이 설정된다.

Load implicitly(❸) 설정은 젠킨스 블루오션을 사용할 때만 반드시 선택해야 하는 항목이다. 이 옵션을 선택하면, 스크립트는 @Library를 통해 요청하지 않아도 공유 라이브러리에 접근할 수 있다.

Allow default version to be overriden 옵션(❹)을 선택하면, @Library 애노테이션의 @someversion을 사용해 공유 라이브러리의 커스텀 버전을 선택할 수 있다. 기본적으로는 Default version 필드를 사용해 버전을 지정하도록 제한된다.

Include @Library changes in job recent changes 옵션(❺)을 사용하면 빌드의 changeset이 있을 경우, 공유 라이브러리의 변경사항을 포함할 수 있다. 젠킨스 파일 안에 다음 항목을 지정함으로써 파이프라인 실행 중에 설정을 오버라이드할 수도 있다.

```
@Library(value="name@version", changelog=true|false)
```

검색 방식에는 Modern SCM(❻)과 Legacy SCM(❼)의 두 가지가 있다. 둘 다 깃^{Git}/머큐리얼^{Mercurial}/서브버전^{Subversion} 저장소에 연결해 공유 라이브러리를 검색할 수 있다. 차이점은 버전 사전 유효성 검증에 있다. Legacy SCM 옵션을 사용하는 경우 버전 사전 유효성 검증을 사용할 수 없기 때문에, ${library.THISLIBNAME.version}을 참조하도록 SCM을 수동으로 구성해야 한다. 또한 Legacy SCM 옵션을 사용하면 깃허브에 연결할 수 없다.

그림 6-4는 깃 저장소에 연결해 공유 라이브러리를 검색하는 Modern SCM 사용법을 보여준다.

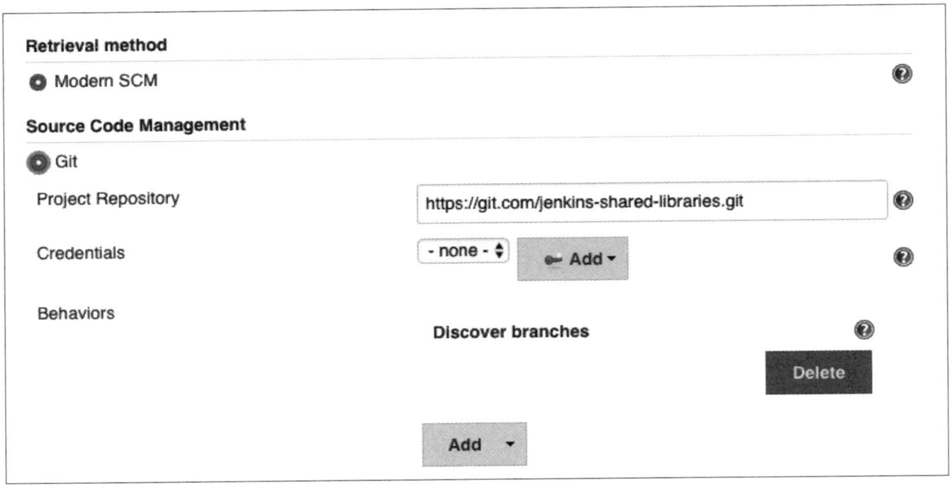

▲ 그림 6-4 전역 파이프라인 라이브러리 검색 방법

지금까지 젠킨스 전역 설정으로 공유 라이브러리를 검색하는 방법을 알아봤다. 참고로 이 책은 표준 젠킨스가 아니라 젠킨스 블루오션 사용법을 다루고 있으므로, 폴더/파이프라인 프로젝트 레벨에서 공유 라이브러리를 검색하는 다른 방법들은 다루지 않는다.

파이프라인 실행 중에 직접 공유 라이브러리 검색

앞 절에서 젠킨스 전역 설정에서 공유 라이브러리를 검색하는 방법을 배웠다. 그러나 파이프라인 실행 중에도 같은 작업을 동적으로 수행할 수 있다. 이 방법에서는 젠킨스에서 공유 라이브러리를 사전 정의할 필요가 없다. 다음 예제를 보자.

```
library identifier: '<custom name for the Shared Library>@<version>',
retriever: modernSCM(
  [$class: 'GitSCMSource',
   remote: '<Git repository URL>',
   credentialsId: '<Credential ID for the above remote repository>'])
```

```
library identifier: 'jenkins-shared-libraries@master',
retriever: modernSCM(
  [$class: 'GitSCMSource',
   remote: 'https://git.com/jenkins-shared-libraries.git',
   credentialsId: 'none'])
```

SCM용으로 정확한 구문을 알기 위해 **파이프라인 구문**을 추가로 참조할 수 있다. 이 경우 반드시 라이브러리 버전을 지정해야 한다.

파이프라인에서 공유 라이브러리 사용하기

이번 절에서는 파이프라인에 공유 라이브러리를 가져오는 방법을 배운다. 이는 젠킨스 파일에 @Library 애노테이션을 사용하면 된다.

다음은 공유 라이브러리 jenkins-shared-libraries의 test.groovy 스크립트에서 test() 함수를 호출하는 젠킨스 파일 예제다.

▼ 공유 라이브러리를 사용하는 젠킨스 파일 예제

```
/* 브랜치, 태그 같은 버전 지시사를 사용 */
@Library('jenkins-shared-libraries') _
test()
```

▼ 위의 젠킨스 파일용 jenkins-shared-libraries/vars/test.groovy 공유 라이브러리 예제

```
def call() {
  pipeline {
    stages {
      stage('Build') {
        steps {
          echo "Building."
        }
```

```
    }
    stage('Test') {
      steps {
        echo "Testing."
      }
    }
    stage('Publish') {
      steps {
        echo "Publishing."
      }
    }
  }
}
```

공유 라이브러리의 특정 버전을 로드하려면, 다음 애노테이션을 사용한다.

```
@Library('<공유 라이브러리 이름>@<버전>') _
```

위 코드에서 <버전> 자리에 브랜치명이나 태그, 커밋 해시를 추가할 수 있다. 예를 들면, 다음과 같다.

```
@Library('jenkins-shared-libraries@master') _
```

젠킨스 공유 라이브러리의 특정 버전을 사용하려면, Allow default version to be overridden 옵션을 선택하는 것이 중요하다. 그림 6-3을 참조한다.

Load implicitly(그림 6-3 참조)로 표기된 공유 라이브러리는 자동으로 파이프라인에서 사용할 수 있다. 파이프라인 코드에 @Library 애노테이션을 사용할 필요가 없다.

▼ @Library 애노테이션이 없는 젠킨스 파일 예제

```
/* @Library 애노테이션이 없는 공유 라이브러리 함수 사용 */
test()
```

공유 라이브러리 생성

공유 라이브러리를 만드는 것은 쉽다. 그루비 코드는 모두 파이프라인용 코드로 사용할 수 있기 때문에, 그루비 스크립트 작성법을 알고 있다면 이미 공유 라이브러리 만드는 방법을 안다고 할 수 있다. 다음 예를 보자.

▼ 공유 라이브러리 jenkins-shared-libraries/vars/sayhello.groovy 예제

```
def call() {
  echo 'Hello Everyone.'
}
```

공유 라이브러리에서 전역 변수 사용

vars 디렉토리의 그루비 스크립트는 개별 요소들처럼 요청에 따라 포함시킬 수 있다. 이러면 하나의 그루비 파일에 다중 메소드를 정의할 수 있다.

▼ 공유 라이브러리 jenkins-shared-libraries/vars/log.groovy 예제

```
def info(message) {
  echo "INFO: ${message}"
}

def warning(message) {
  echo "WARNING: ${message}"
}
```

▼ @Library 애노테이션이 있는 젠킨스 파일(스크립트형 파이프라인) 예제

```
@Library('jenkins-shared-libraries') _

log.info 'Starting.'
log.warning 'Nothing to do!'
```

▼ @Library 애노테이션이 있는 젠킨스 파일(선언형 파이프라인) 예제

```
@Library('jenkins-shared-libraries') _

pipeline {
  agent none
  stage ('Example') {
    steps {
      script {
        log.info 'Starting.'
        log.warning 'Nothing to do!'
      }
    }
  }
}
```

공유 라이브러리에서 커스텀 스텝 사용하기

이번 절에서는 공유 라이브러리로 커스텀 스텝을 작성하는 방법을 배운다. 다음은 자동으로 빌드 상태 이메일을 전송하는 그루비 스크립트다.

▼ 공유 라이브러리 jenkins-shared-libraries/vars/email.groovy 예제

```
import hudson.model.Result
import org.jenkinsci.plugins.workflow.support.steps.build.RunWrapper

def call(RunWrapper currentBuild, List<String> emailList) {
  if (!emailList) {
    return
  }

  def currentResult = currentBuild.currentResult
  def previousResult = currentBuild.getPreviousBuild()?.getResult()

  def buildIsFixed =
    currentResult == Result.SUCCESS.toString() &&
```

```
      currentResult != previousResult &&
      previousResult != null

  def badResult =
    currentResult in [Result.UNSTABLE.toString(), Result.FAILURE.toString()]

  if (buildIsFixed || badResult) {
    emailext (
      recipientProviders: [[$class:
      "RequesterRecipientProvider"]],
      to: emailList.join(", "),
      subject: "\$DEFAULT_SUBJECT",
      body: "\$DEFAULT_CONTENT"
    )
  }
}
```

공유 라이브러리의 함수는 다음처럼 파이프라인 안에서 사용할 수 있다.

▼ @Library 애노테이션이 있는 젠킨스 파일(선언형 파이프라인) 예제

```
pipeline {
  agent { label "master" }

  libraries {
    lib('jenkins-shared-libraries')
  }
  stages {
    stage("echo") {
      steps {
        echo "You are using Shared Libraries."
      }
    }
  }
  post {
    always {
      script {
        email(currentBuild, ['user@organization.com'])
```

```
    }
   }
  }
}"""
```

재사용이 가능한 파이프라인 코드

이번에는 많은 사람이 고민해봤을 만한 유스케이스를 가정해서 설명하려고 한다. 이번 실습을 위해 모듈화된 소프트웨어 프로젝트를 떠올려보자. 여기서 말하는 모듈화란 여러 개의 소규모 컴포넌트로 구성된 대규모 소프트웨어를 말한다.

이 소프트웨어 프로젝트의 모든 개별 컴포넌트는 반드시 개별적으로 빌드, 테스트, 발행돼야 하고, 공유 라이브러리를 적극 활용한다고 가정해보자.

따라서 이번 실습에서는 CI용 공통 파이프라인 코드를 공유 라이브러리로 생성하려고 한다.

1. 새로운 빈 깃 저장소를 생성한다. 이 저장소는 공유 라이브러리로 사용된다.

```
mkdir reusable-pipeline-library

cd reusable-pipeline-library

git init
```

2. 공유 라이브러리에 필요한 디렉토리들을 생성한다. '공유 라이브러리의 디렉토리 구조' 절을 참고한다. vars 디렉토리만 추가로 생성하면 될 것이다.

```
mkdir vars
```

3. 그런 다음, vars 디렉토리 안에서 선호하는 텍스트 에디터로 pipeline.groovy라는 이름의 새로운 그루비 파일을 생성한 후, 다음 코드를 붙여넣는다. 이 파일은 https://

github.com/Apress/beginning-jenkins-blue-ocean/tree/master/Ch06/
pipeline.groovy에서도 다운로드할 수 있다.

```groovy
def call() {
  pipeline {
    agent none
    stages {
      stage('Build & Test') {
        agent {
          node {
            label 'docker'
          }
        }
        steps {
          sh 'mvn -Dmaven.test.failure.ignore clean package'
          stash(name: 'build-test-artifacts', \
          includes: '**/target/surefire-reports/TEST-*.xml,target/*.jar')
        }
      }
      stage('Report & Publish') {
        parallel {
          stage('Report & Publish') {
            agent {
              node {
                label 'docker'
              }
            }
            steps {
              unstash 'build-test-artifacts'
              junit '**/target/surefire-reports/TEST-*.xml'
              archiveArtifacts(onlyIfSuccessful: true,
              artifacts: 'target/*.jar')
            }
          }
          stage('Publish to Artifactory') {
            agent {
              node {
                label 'docker'
```

```
          }
        }
        steps {
          script {
            unstash 'build-test-artifacts'

            def server = Artifactory.server 'Artifactory'
            def uploadSpec = """{
              "files": [
                {
                  "pattern": "target/*.jar",
                  "target": "example-repo-local/ \
                  ${JOB_NAME}/${BRANCH_NAME}/${BUILD_NUMBER}/"
                }
              ]
            }"""
            server.upload(uploadSpec)
          }
        }
      }
    }
   }
  }
}
```

---

4. 수정된 pipeline.groovy 파일을 저장한다.

5. 다음 명령어를 실행해 수정된 파일을 깃에 추가한다.

```
git add .
```

6. 변경사항을 커밋한다.

```
git commit -m "Added initial files to the Shared Library."
```

7. 다음으로, 깃허브나 그 밖의 원격 저장소로 변경사항을 푸시한다.

```
git remote add origin <원격 깃 저장소 URL>

git push -u origin master
```

8. 이제 원격 깃 저장소(이 실습에서는 깃허브라고 가정)에 공유 라이브러리용 저장소가 생성됐다.

9. 다음으로, 젠킨스 내부에서 새 공유 라이브러리를 검색하는 데 필요한 구성을 한다. 이를 위해 '젠킨스에서 사전 구성된 설정을 사용해 공유 라이브러리 검색' 절의 내용을 따라 한다. 젠킨스 전역 설정의 공유 라이브러리 구성용으로 고유한 이름을 지정한다.

10. 젠킨스에서 필요한 설정을 완료했다면 이제 다음 단계를 진행해본다. 이를 위해 component-1, component-2, component-3이라는 이름의 메이븐 프로젝트 3개를 생성해보자.

11. 이를 위해 3개의 개별 깃 저장소를 생성한다. 다음 명령어대로 해보자.

```
mkdir component-1 component-2 component-3

cd component-1
git init

cd ../component-2
git init

cd ../component-3
git init
```

12. 이제 다음 깃허브 저장소 폴더에서 소스 코드를 다운로드한다.

https://github.com/Apress/beginning-jenkins-blue-ocean/tree/master/Ch06/example-maven-project

그리고 이 코드를 11단계에서 생성한 3개의 컴포넌트 저장소 모두에 추가한다.

13. 다음으로 젠킨스 파일을 3개의 컴포넌트 저장소에 모두 추가한다. 이를 위해 선호하는 에디터로 새 파일을 생성해 다음 내용을 붙여넣는다. 이 파일은 https://github.com/Apress/beginning-jenkins-blue-ocean/blob/master/Ch06/Jenkinsfile 에서도 다운로드할 수 있다.

```
@Library('my-shared-library') _
call()
```

14. 젠킨스 안에 공유 라이브러리 구성의 이름을 my-shared-library라고 지정했다고 가정하자. 물론 독자가 다른 공유 라이브러리 구성 이름을 사용했다면 그 이름으로 my-shared-library를 대체할 수 있다.

15. 다음으로, 3개의 컴포넌트 저장소 모두에서 다음 명령어를 실행한다.

```
git add .

git commit -m "Added initial files to the source code repository."
```

16. 다음으로, 세 컴포넌트 저장소의 변경사항을 각 원격 깃 저장소(깃허브 또는 기타 원격 저장소)로 푸시한다.

```
git remote add origin <원격 깃 저장소 URL>

git push -u origin master
```

17. 이제 3개의 예제 컴포넌트 프로젝트용으로 3개의 원격 깃 저장소가 생겼다(이 실습에서는 깃허브에 있다고 가정).

18. 이번 실습을 수행하려면 운영 중인 아티팩토리 서버가 필요하다. 또한 내부에 example-repo-local이라는 이름의 로컬 저장소도 있어야 한다. 좀 더 자세한 설명을 위해서는 3장의 '아티팩토리 서버 실행', '젠킨스에 아티팩토리 플러그인 설치', '젠킨스에서 아티팩토리 플러그인 구성' 절을 참고한다.

19. 이제 다음과 같은 항목이 준비되어 있어야 한다.

- 필요한 그루비 스크립트가 vars 디렉터리에 존재하고, 깃 서버에서 호스팅되는 공유 라이브러리
- 예제 메이븐 소스 코드와 필요한 젠킨스 파일이 있고, 깃 서버에서 호스팅되는 3개의 컴포넌트 저장소
- 젠킨스 서버 안에 필요한 설정과 구성을 완료하고, example-repo-local이라는 이름의 로컬 저장소를 갖는 아티팩토리 서버

20. 다음으로 젠킨스 블루오션 대시보드를 열고, 파이프라인 생성 마법사로 각 컴포넌트 당 하나씩, 3개의 새로운 파이프라인을 생성한다.

3개의 파이프라인 프로젝트가 실행되고 모두가 녹색과 노란색(테스트 결과에 따라 다름)으로 나타나야 한다. 이제 공유 라이브러리의 컴포넌트 소스 코드용 공통 파이프라인 코드를 갖게 됐다.

여기서 사용한 메이븐 소스 코드는 실제 프로젝트가 아니므로 별로 도움이 되지는 않을 것이다. 그러나 이번 실습의 목적은 여러 젠킨스 블루오션 파이프라인에서 사용할 수 있는 라이브러리 형태의 공통 파이프라인 코드인 공유 라이브러리의 사용법을 보여주는 것이라 할 수 있다.

요약

6장에서는 젠킨스 공유 라이브러리의 기본 개념을 다뤘다. 또한 마지막 부분의 실습을 통해 사용법도 배울 수 있었다.

'재사용이 가능한 파이프라인 코드'는 간단한 가상의 유스케이스다. 그러나 독자가 상상력을 발휘한다면 공유 라이브러리로 할 수 있는 것에는 한계가 없을 것이다.

이상으로 이 책을 마친다. 이 책에서 다룬 내용이 독자에게 도움이 되길 바란다.

도커 호스트 설정

이번 절에서는 우분투에 도커 호스트를 설정하는 방법을 설명한다. 설치할 버전은 커뮤니티 에디션^{CE, community edition}의 안정 버전이다. 여기서 설명하는 데 사용한 도커 호스트는 실습과 예제가 목적이므로 연습용으로만 사용하자. 상용 도커 호스트를 설정하는 데는 적합하지 않다.

사전 준비사항

시작하기 전에 다음 사항이 준비됐는지 확인하자.

- 최소 4GB(더 많을수록 좋음)의 램과 멀티코어 프로세서를 탑재한 컴퓨터가 필요하다.
- 팀의 인프라 관리 방식에 따라, 컴퓨터는 클라우드 플랫폼(AWS나 디지털 오션^{Digital Ocean} 등)의 인스턴스이거나, 베어메탈 기기 또는 가상 머신(VMWare의 vSphere나 버추얼 박스^{Virtual Box}, 기타 서버 가상화 소프트웨어 등)이 될 수 있다.

- 컴퓨터는 우분투 16.04 버전이나 그 이상의 버전이 설치돼야 한다.
- 관리자 권한이 있어야 한다. 설치 도중 관리자 자격 증명을 요구할 수도 있다.

저장소 설정

이번 절에서는 도커 설치 전 저장소를 설정한다. 다음 단계를 따라 진행한다.

1. apt 패키지 인덱스를 업데이트한다.

```
sudo apt-get update
```

2. apt가 HTTPS를 이용해 저장소를 사용할 수 있도록 패키지를 업데이트한다.

```
sudo apt-get install \
 apt-transport-https \
 ca-certificates \
 curl \
 software-properties-common
```

3. 도커의 공식 GPG 키를 추가한다.

```
curl -fsSL \
 https://download.docker.com/linux/ubuntu/gpg \
 | sudo apt-key add -
```

4. 핑거프린트의 마지막 여덟 글자를 검색해서 "9DC8 5822 9FC7 DD38 854A E2D8 8D81 803C 0EBF CD88"이 있는지 확인한다.

```
sudo apt-key fingerprint 0EBFCD88
```

```
pub   4096R/0EBFCD88 2017-02-22
Key fingerprint = 9DC8 5822 9FC7 DD38 854A  E2D8 8D81
803C 0EBF CD88
uid   Docker Release (CE deb) <docker@docker.com>
sub   4096R/F273FCD8 2017-02-22
```

5. 안정적인 저장소를 설정한다. 다음 명령어는 자동으로 우분투 OS 배포판을 감지하고, 이에 맞는 도커 저장소를 설정한다.

```
sudo add-apt-repository "deb [arch=amd64] \
 https://download..docker.com/linux/ubuntu \
 $(lsb_release -cs) stable"
```

도커 설치

다음으로 도커 커뮤니티 에디션^{CE}을 설치해보자.

1. apt 패키지 인덱스를 업데이트한다.

```
sudo apt-get update
```

2. 도커 CE의 최선 버전을 설치한다.

```
sudo apt-get install docker-ce
```

3. hello-world 이미지를 실행해 도커 CE가 제대로 설치됐는지 확인한다.

```
sudo docker run hello-world
```

```
Unable to find image 'hello-world:latest' locally
latest: Pulling from library/hello-world
d1725b59e92d: Pull complete
Digest: sha256:0add3ace90ecb4adbf7777e9aacf18357296e799
f81cabc9fde470971e499788
Status: Downloaded newer image for hello-world:latest
Hello from Docker!
 .
 .
 .
```

도커 원격 API 활성화(중요)

도커 원격 API를 사용하면 외부 응용 프로그램이 REST API를 사용해 도커 서버와 통신할 수 있다. 젠킨스는 (도커 플러그인의) 도커 원격 API를 사용해 도커 호스트와 통신한다.

도커 호스트에서 도커 원격 API를 활성화하려면, 도커의 구성 파일을 수정해야 한다. 운영체제 버전과 컴퓨터에 도커를 설치한 방식에 따라, 구성 파일을 적절히 선택해 수정해야 한다. 다음은 우분투에서 사용하는 두 가지 방법을 설명한다. 하나씩 살펴보자.

docker.conf 파일 수정

다음 절차에 따라 docker.conf 파일을 수정한다.

1. 도커 서버에 로그인한다. sudo 권한이 있는지 확인한다.

2. docker.conf 파일을 수정하기 위해 다음 명령어를 실행한다.

```
sudo nano /etc/init/docker.conf
```

3. docker.file에서, 다음 문자가 있는 줄로 이동한다.

```
"DOCKER_OPTS=".
```

"DOCKER_OPTS="라는 변수는 docker.conf 파일의 여러 곳에 있다. 그중 pre-start script나 script 섹션 아래 있는 DOCKER_OPTS=를 사용한다.

4. 다음 내용과 같이 **DOCKER_OPTS**의 값을 설정한다. 아래 내용을 복사해서 붙여넣지 말고, 해당 줄에 직접 입력한다.

```
DOCKER_OPTS='-H tcp://0.0.0.0:4243 -H unix:///var/run/docker.sock'
```

위의 설정은 도커 서버를 유닉스 소켓 TCP 4243 포트에 바인딩한다.
"0.0.0.0"으로 설정하면 도커 엔진이 모든 연결을 수락한다. 만약 도커 서버가 특정 젠킨스 서버에서의 연결만 허용하고자 한다면, "0.0.0.0"을 해당 젠킨스 서버 IP로 변경한다.

5. 다음 명령어로 도커 서버를 재시작한다.

```
sudo service docker restart
```

6. 구성이 제대로 동작하는지 확인하기 위해, 다음 명령어를 실행한다. 이 명령어는 도커 서버에서 제공하는 모든 이미지의 목록을 보여준다.

```
curl -X GET http://<도커 서버 IP>:4243/images/json
```

7. 이 명령의 출력 결과가 정상적이지 않다면, 다음 방법을 시도해본다.

docker.service 파일 수정

다음 절차에 따라 docker.service 파일을 수정한다.

1. docker.service 파일을 수정하기 위해 다음 명령어를 실행한다.

```
sudo nano /lib/systemd/system/docker.service
```

2. docker.service 파일에서 ExecStart=로 시작하는 줄로 이동해, 해당 부분의 값을 다음과 같이 설정한다. 아래 내용을 복사해서 붙여넣지 말고, 해당 줄에 직접 입력한다.

```
ExecStart=/usr/bin/dockerd -H fd:// -H tcp://0.0.0.0:4243
```

> 위의 설정은 도커 서버를 유닉스 소켓 TCP 4243 포트에 바인딩한다.
> "0.0.0.0"으로 설정하면 도커 엔진이 모든 연결을 수락한다. 만약 도커 서버가 특정 젠킨스 서버에서의 연결만 허용하고자 한다면, "0.0.0.0"을 해당 젠킨스 서버 IP로 변경한다.

3. 도커 데몬이 수정된 구성을 인식할 수 있도록 다음 명령어를 실행한다.

```
sudo systemctl daemon-reload
```

4. 다음 명령어를 실행해 도커 서버를 재시작한다.

```
sudo service docker restart
```

5. 구성이 제대로 동작하는지 확인하기 위해, 다음 명령어를 실행한다. 이 명령어는 도커 서버에서 제공하는 모든 이미지의 목록을 보여준다.

```
curl -X GET http://<도커 서버 IP>:4243/images/json
```

젠킨스의 프록시 호환성 활성화

때때로 HTTP/HTTPS 프록시에서는 기본 Crumb 발급자가 사용하는 정보를 필터링한다. 젠킨스에

서 양식을 제출했는데 403 응답을 받는 경우가 있다면, 이 옵션을 점검해보는 것이 좋다. 이 옵션을 사용하면 논스nonce 값의 위조가 쉬워진다.

프록시 호환성을 활성화하면 이 문제를 해결할 수 있으므로, 다음 단계를 따라 해보자.

1. 젠킨스 블루오션 대시보드에서 Administration 링크를 클릭한다.

2. Manage Jenkins 페이지에서 Configure Global Security를 클릭한다.

3. Configure Global Security 페이지에서 CSRF Protection 섹션까지 이동한 후, Enable proxy compatibility 옵션(❶)을 선택한다(그림 A-1 참조).

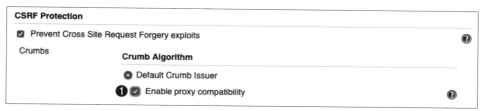

▲ 그림 A-1 젠킨스에서 CSRF Protection 설정

ㄱ

개인 액세스 토큰 92
검색 필드 106
공개 SSH 키 90
공유 라이브러리 211
구문 강조 193
구성 패널 105
그루비 37
글로벌 에이전트 103
깃 24
깃랩 24
깃랩 저장소 98
깃 저장소 88
깃허브 24

ㄴ

넥서스 128

ㄷ

단순 병렬 스테이지 187
대시보드 25
데브옵스 22
도메인 특화 언어 151
도커 47, 48
도커 볼륨 51

도커 에이전트 템플릿 84
도커 이미지 24, 47, 48
도커 클라우드 83
도커 파일 24
도커 호스트 48

ㄹ

레거시 24
로그 추적 78, 125
리버스 프록시 서버 24

ㅁ

마스터 브랜치 122
멀티브랜치용 140
멀티브랜치 파이프라인 25, 77
메이븐 79
명령형 구문 149
명령형 프로그래밍 151

ㅂ

바인드 마운트 51
변경사항 섹션 32
병렬 스테이지 187
블루오션 대시보드 35

비주얼 스튜디오 코드　196
비주얼 파이프라인 에디터　22, 28
비트버킷　24
비트버킷 저장소　95

ㅅ

산출물 섹션　33
산출물 업로드　118
서블릿 컨테이너　68
선언형 구문　149
선언형 문법　42
선언형 지시어 생성기　193
선언형 파이프라인　38
선언형 프로그래밍　153
섹션　154
소나큐브　212
소스 저장소　87
소스 코드 저장소　23
순차 스테이지　184
스니핏 생성기　193
스크립트　23
스크립트 스텝　39
스크립트형 파이프라인　37, 150
스테이지　104
스텝　105, 190

ㅇ

아톰 에디터　194
아티팩토리　128, 129
아파치　24
아파치 톰캣　47
애노테이션　216
엔진엑스　24

우분투　231
원격 API　234
이클립스 IDE　200

ㅈ

자격 증명　26, 79
자동 병합　145
자동 완성　193
전역 변수　221
정적 코드 분석　212
젠킨스 공유 라이브러리　23
젠킨스 블루오션 로드맵　44
젠킨스 블루오션 컨테이너　51
젠킨스 설정 마법사　47
젠킨스 장애 복구　76
젠킨스 커뮤니티　42
젠킨스 컨테이너　61
젠킨스 파일　23, 29
젠킨스 파일 유효성 검증　193
젠킨스 플러그인　45
중첩 병렬 스테이지　189
중첩 순차 스테이지　185
지속적 인도　22
지속적 통합　22
지시어　162

ㅋ

카멜케이스　214
커뮤니티 에디션　231
커스텀 스텝　222
코드 방식의 파이프라인　150
코드형 파이프라인　43
쿠버네티스　60

ㅌ

테스트 결과 리포트   115
테스트 섹션   33

ㅍ

파이프라인 로그   31
파이프라인 생성 마법사   25
파이프라인 시각화   23, 30
파이프라인 흐름도   32, 124
표준 젠킨스   36, 41
표준 젠킨스 대시보드   41
표준 젠킨스 인터페이스   41
풀 리퀘스트   77
프리스타일 프로젝트   36

A

Activity 탭   34
Apache   24
Artifactory   128
Artifacts 섹션   33

B

bind mount   51
BitBucket   24
Branches 탭   34

C

CD(Continuous Delivery)   22
CE(community edition)   231
Changes 섹션   32

CI(Continuous Integration)   22
CI/CD   22, 211
credential   26
Crumb   208
curl   207

D

declarative programming   153
DevOps   22
docker   48
Dockerfile   24
Docker image   24
DSL(Domain-Specific Language)   151

G

Git   24
GitHub   24
GitLab   24
Groovy   37

H

HTTP/HTTPS 인증 방식   88

I

imperative programming   151

J

Jenkinsfile   23
jenkins_home   61
Jenkins Shared Labraries   23

K

Kubernetes 60

L

legacy 24

M

Maven 79

N

Nexus 128
Nginx 24

P

Pipeline Creation Wizard 25
pull request 77

R

repository 23

S

script 23
Search 탭 35
SonarQube 212
sshd 79
Stash 108
sudo 명령어 48

T

Tests 섹션 33

U

Un-Stash 113

V

Visual Pipeline Editor 22

W

Winstone Servlet Container 68

에이콘출판의 기틀을 마련하신 故 정완재 선생님 (1935-2004)

젠킨스 블루오션 시작하기

선언형 파이프라인 기초부터 실습까지

발   행 | 2019년 5월 27일

지은이 | 니 킬 파타니아
옮긴이 | 이 정 표

펴낸이 | 권 성 준
편집장 | 황 영 주
편   집 | 이 지 은
디자인 | 박 주 란

에이콘출판주식회사
서울특별시 양천구 국회대로 287 (목동)
전화 02-2653-7600, 팩스 02-2653-0433
www.acornpub.co.kr / editor@acornpub.co.kr

한국어판 ⓒ 에이콘출판주식회사, 2019, Printed in Korea.
ISBN 979-11-6175-303-4
ISBN 978-89-6077-412-4 (세트)
http://www.acornpub.co.kr/book/jenkins-blue-ocean

이 도서의 국립중앙도서관 출판시도서목록(CIP)은 서지정보유통지원시스템 홈페이지(http://seoji.nl.go.kr)와
국가자료공동목록시스템(http://www.nl.go.kr/kolisnet)에서 이용하실 수 있습니다.(CIP제어번호: CIP2019018811)

책값은 뒤표지에 있습니다.